青岛市精品校（园）本课程系列丛书

倾听梦想花开的声音

——青岛中等职业学校职业生涯规划指导

青岛市教育科学研究院 编

山东教育出版社

图书在版编目（CIP）数据

倾听梦想花开的声音：青岛中等职业学校职业生涯规划指导 / 青岛市教育科学研究院编. —济南：山东教育出版社，2019.10

（青岛市精品校（园）本课程系列丛书）

ISBN 978-7-5701-0812-1

Ⅰ.①倾…　Ⅱ.①青…　Ⅲ.①中等专业学校－学生－职业选择　Ⅳ.①G718.3

中国版本图书馆CIP数据核字（2019）第225067号

QINGDAO SHI JINGPIN XIAO（YUAN）BEN KECHENG XILIE CONGSHU
QINGTING MENGXIANG HUAKAI DE SHENGYIN
——QINGDAO ZHONGDENG ZHIYE XUEXIAO ZHIYE SHENGYA GUIHUA ZHIDAO

青岛市精品校（园）本课程系列丛书

倾听梦想花开的声音——青岛中等职业学校职业生涯规划指导
青岛市教育科学研究院　编

主管单位：山东出版传媒股份有限公司
出版发行：山东教育出版社
　　　　　地址：济南市纬一路321号　邮编：250001
　　　　　电话：（0531）82092660　网址：www.sjs.com.cn
印　　刷：山东泰安新华印务有限责任公司
版　　次：2019年10月第1版
印　　次：2019年10月第1次印刷
开　　本：787 mm × 1092 mm　1/16
印　　张：14
字　　数：231千
书　　号：ISBN 978-7-5701-0812-1
定　　价：38.00元

（如印装质量有问题，请与印刷厂联系调换）印厂电话：0538-6119313

青岛市精品校（园）本课程系列丛书
编写委员会

主　　　　编　柴清林

副　主　编　于立平

执行主编　江守福

本册学术顾问　张　斌

本册主编　胡忠瑜

本册副主编　赵思华　张乐真

本册编委　（按姓氏笔画排序）

王玉兰　李玉磊　张乐真　赵思华

凡事预则立，不预则废。言前定，则不跲；事前定，则不困；行前定，则不疚；道前定，则不穷。

——《礼记·中庸》

总序

习近平总书记在2018年全国教育大会上强调，要努力构建德智体美劳全面培养的教育体系，形成更高水平的人才培养体系。要把立德树人融入思想道德教育、文化知识教育、社会实践教育各环节，贯穿基础教育、职业教育、高等教育各领域，学科体系、教学体系、教材体系、管理体系要围绕这个目标来设计，教师要围绕这个目标来教，学生要围绕这个目标来学。凡是不利于实现这个目标的做法都要坚决改过来。

青岛市教育科学研究院以学校课程建设与实施为抓手，围绕课程教材体系和人才培养体系建设目标，从学校和一线教师开发的校本课程中，精选出部分基于学生核心素养提升的课程成果，组织开发了超过1000门精品学校课程。在邀请国内知名课程专家进行专业指导，引领学校实践验证、完善优化和提炼提升的基础上，通过网上精品课程超市、课程建设现场会、新闻媒体和专业报刊系列报道、课程成果推介会、专家论证会等形式，广泛宣传、推介和展示学校的优秀课程成果，引导社会、学校、教师和学生共享优质课程资源，从而使所提供的校本课程资源真正意义上成为国家课程、地方课程的有益补充，为学校文化建设、学校特色创建、学生个性发展和区域教育均衡发展搭建了相互学习与借鉴的平台，也为区域推进学校课程建设提供了案例和典范。

青岛市精品校（园）本课程系列丛书的面世，是青岛市高效推进学校课程建设与实施的有力佐证，也是我国课程改革深入推进的重要成果之一，是贯彻落实《中共中央国务院关于深化教育改革，全面推进素质教育的决定》，落实国家课程、地方课程和校本课程三级课程管理体制，赋予地方和学校更大的课程决策权的典型实践案例。通过共享精品课程资源的学习，帮助学生形成适应终身发展和社会发展需要的必备品格和关键能力，提升学生的个人修养、社会关爱和家国情怀，实现自主发展、合作参与和创新实践；同时也为一线从事校本课程开发建设和实施的广大教师打开了一扇新的窗户。

青岛市在解决"培养什么人、怎样培养人、为谁培养人"这一根本问题，全面推进教育现代化，全面提升教育教学质量方面又迈出了可喜的一大步。

教育部课程教材研究所　田慧生

2018年12月

序

为贯彻党的十九大精神和《国务院关于大力发展职业教育的决定》（国发【2005】35号）精神，落实《教育部关于进一步深化中等职业教育教学改革的若干意见》和《国家中长期教育改革和发展规划纲要》提出的"解决好培养什么人、怎样培养人的重大问题"，进一步增强德育课的针对性、时代性、实效性和吸引力，使德育课教学更加贴近学生、贴近职业、贴近社会，促进学生的可持续发展，编写了此教材。本教材紧紧围绕中等职业教育的培养目标，遵循职业教育教学规律，从满足经济社会发展对高素质劳动者和技能型人才的需要出发，在课程结构、教学内容、教学方法等方面进行了新的探索和改革创新。

伟大的时代成就伟大的梦想。本教材以落实立德树人为根本任务，将个人梦、专业梦与中国梦相融合，以培养学生核心素养，促进学生个性发展和全面发展为目的，对学生进行职业生涯教育和职业理想教育，使学生掌握职业生涯规划的基础知识和常用方法，树立正确的职业理想和职业观、择业观、创业观以及成才观，形成职业生涯规划的能力，增强提高职业素质和职业能力的自觉性，做好适应社会、融入社会和就业创业的准备。同时，引导学生逐步养成良好的思维习惯、学习习惯、实践意识、创新意识和认真负责的科学态度，培养学生的自我掌控能力、就业创业能力和终身发展能力，以使学生具备"志存高远、德才并重、情理兼修、勇于开拓"的志向和勇气。

本教材以问题情境导入为索引，以"放飞理想—知己知彼—生涯规划—就业准备—融入职场"为明线，以"教师引领规划—同伴探讨规划—榜样激励规划"为暗线，帮助学生正确认识自我和社会，明确发展目标，进行职业生涯规划，为学生的成长、成才和成功搭建阶梯，为学生的终身发展创造条件和机遇。这既是以生为本、个性化教育的必然要求，也是帮助学生更好地完善自己、适应社会的时代要求。中职生处在一个人人皆可成才、人人尽展其才的伟大时代，要鼓励他们在"有梦、追梦、圆梦"的职业追求中，达成"我的梦"与"中国梦"的高度契合，努力在实现中华民族伟大复兴的中国梦的生动实践中放飞青春梦想。

本教材在开发过程中，始终坚持"以人为本，为学生的发展奠基"的理念，将人生规划与职业理想有机结合起来，使学生意识到"做人比做事重要，成长比薪水重要，成才比职位重要"，从而树立正确的职业观、择业观和创业观。由于编写时间仓促，难免存在错漏之处，欢迎老师和同学们批评指正。

2019年9月

写在前面的话

亲爱的同学们：

当你打开《倾听梦想花开的声音》这本书时，你是否有了梦的思绪、有了梦的渴望？这本书是你梦想重启的地方，是你认识自我、强大自我的方向。它教给你如何勾画未来的模样，如何让自己充满青春能量，让梦想光芒照耀你去闯。

同学们，伟大的时代成就伟大的梦想。本书以中职生王青的成长困惑这一问题情境导入为索引，以"放飞理想—知己知彼—设计生涯—准备就业"为主题，帮助你明确发展目标，正确认识自我和社会，进行职业生涯规划，做好就业准备，为终身发展创造条件和机遇。

在"放飞理想"模块，本书将帮助你顺应时代发展树立切合实际的理想目标，从所学专业的角度，了解即将从事的职业，了解今后晋升的路径，在中职生成才的立交桥上寻找自己理想的职业坐标。

在"知己知彼"模块，本书将引导你通过向内看、向外看，分析自己的内部和外部条件。通过心理测评系统，科学客观地测评你的兴趣、性格、能力和价值观，并通过分析国家及区域经济发展、行业发展趋势以及个体环境等的特点，理性看待自己所处的外部环境，学会使用SWOT工具进行自我分析，全面权衡自身发展的优势、劣势、机遇与挑战，赢得职业发展的先机。

在"设计生涯"模块，本书将协助你科学了解自我，客观欣赏自我，努力超越自我。走一步，用目标点亮人生；看两步，生涯规划分步走；想三步，用行动验证措施。此外，还要不断付诸实践，与时俱进，调整规划。

在"准备就业"模块，本书将带领你了解社会形势和就业观，做好角色的转换，掌握系列求职技巧，并进行走向社会的招聘模拟等活动。记住，不打无准备之仗！

本书的每个模块分为新授课、活动课和赏析课。在新授课部分，教师引导学生学习规划；在活动课上，师生、生生探讨规划；在赏析课中，学习借鉴他人优秀的职业生涯规划书，以达到借鉴榜样激励成长的目的。

　　同学们，这是一个人人皆可成才、人人尽展其才的伟大时代，在"有梦、追梦、圆梦"的职业追求中，我们只有达成"我的梦"与"中国梦"的高度契合，才能在实现中华民族伟大复兴的中国梦的生动实践中放飞个人的青春梦想。

2019年9月

目 录

绪　言

规划人生　驶向成功

　　人生就像一趟旅行，只有单程，没有返程。刚刚迈入中等职业学校大门的你，又站在了人生道路的新起点上。你也许为选择了自己喜欢的专业而高兴，也许因没有珍惜初中的光阴而懊恼，也许因没有发挥出自己应有的学业水平而心有不甘，但不管怎样，中考已经为九年义务教育画上了一个句号。成绩、爱好、兴趣等决定了目前的个人选择。其实，人生处处是在选择之中，一个人今天站在哪里并不重要，重要的是我们要选择好努力的方向，为自己的未来规划一个充满希望的蓝图，给自己的新生活勾勒出一幅充满活力的画卷，去追寻人生的价值和意义。

一、彰显人生价值

　　《庄子·知北游》中提到，"人生天地之间，若白驹之过隙，忽然而已"。古人借此告诫我们生命的短暂和无常。在这短暂的一生当中，我们每个人回首往事时，既不会因虚度年华而懊悔，也不会因碌碌无为而羞愧，这才是有价值和意义的人生。

　　同学们已经在自己的人生路上度过了十五六年的岁月，其间大家都会经历过幸福、辉煌、成功、充实、快乐、无憾、平淡，肯定也会夹杂着挫折、失败、遗憾、痛心等，但无论何种经历，皆已成过往。我们要做的就是好好地珍惜当下，活在当下，让自己的生命更有价值。

连线职场 >>

永远不会丧失价值

在一次讨论会上，一位著名的演说家没讲一句开场白，手里却高举着一张100元的钞票。面对会议室里的200个人，他问："谁要这100元？"一只只手举了起来。他接着说："我打算把这100元送给你们中的一位，但在这之前，请准许我做一件事。"他一边说着，一边将钞票揉成一团，然后问："谁还要？"仍有人举起手来。他又说："那么，假如我这样做又会怎么样呢？"他把钞票扔到地上，又踏上一只脚，并且用脚碾它。而后他拾起钞票，钞票已变得又脏又皱。"现在谁还要？"还是有人举起手来。

"朋友们，你们已经上了一堂很有意义的课。无论我如何对待这张钞票，你们还是想要它，因为它并没贬值，它依旧值100元。"其实，我们每个人的人生何尝不是这张有"尘土"的钞票呢？

想一想：你从这个故事中得到了什么启示？

人生路上，我们有时会被自己的选择或碰到的逆境击倒、欺凌而变得灰心丧气，甚至有时会迷失自己，忘了初心，找不到前行的勇气。但无论发生了什么，或将要发生什么，请坚信我们每个生命都永远不会丧失价值，坚信我们每个人都是一块覆有"尘土"的金子！我们要做的就是通过学习和实践，把身上的"尘土"即我们的坏习惯、坏毛病去掉，透出金子本来的光彩。在这个世界上，每个生命都具有丰富的内在资源，我们要做的就是建立与它的联结。后悔上一刻，憧憬下一刻，都不如活在当下，面对现实，勇敢前进！人生最遗憾的，莫过于轻易地放弃了不该放弃的，固执地坚持了不该坚持的。作家柳青曾说："人生的道路虽然漫长，但紧要处常常只有几步，特别是当人年轻的时候。" 衷心希望刚刚迈入中等职业学校大门的你，走好新生活的第一步，找到自我生命的价值，开拓自己美好的人生，无怨无悔！

二、激扬青春梦想

有人说，在人生路上，除了贫穷不需要计划，其他一切都需要计划。如果你不知道应去的方向，通常哪里也去不了。那如何计划呢？我们要下决心从今天开始，确立做生涯赢家的渴望。生涯即人生，生涯即竞争。起点是自己，终点也是自己，没有人能够代劳。所谓生涯赢家，就是对自己了解很清楚，知道自己想要什么、想做什么、想过怎样人生的人，也就是说，生涯赢家最重要的就是我们个人要有自己的人生理想和追求。

青春时期，我们每个人可能都有自己卑微而踏实的担当，也可能有遥远而美好的追求。虽然有些人可能还不知道自己的目的地，但是不管怎样，梦想总是与我们如影随形。梦想起飞，它开始指引着你一步步前进。此时，你不要犹豫，不要彷徨，不要空虚，不要无助，因为它提醒着我们的存在，证明着我们生命的价值。作为中职生，只有充分认识到自身的价值，坚信"天生我材必有用"的信条，才能懂得去努力地追求，才能让自己的追求变得踏实而有意义，才能更好地融入轰轰烈烈的席卷全球的"中国浪潮"之中。

2012年11月至今，虽然在历史的长河中只是短暂的一瞬，却为中国的发展标注了崭新的方位。2012年11月29日，习近平总书记就是在参观《复兴之路》展览时发表了对中国社会产生深远影响的讲话，深刻阐释了"中国梦"，指出："实现中华民族伟大复兴，就是中华民族近代以来最伟大的梦想。"近年来，激荡人心的中国故事在我们的身边发生，一条选准的道路，我们越走越坚定；一个根本的宗旨，让党和人民血肉相连；一场伟大的改革，在攻坚克难中推进；一座精神的大厦，在中华大地上巍然高耸；一支英雄的军队，重整行装再出发；一个源自中国的构想，闪亮世界的舞台；一个担当重任的政党，永立时代的潮头。梦想激扬，初心不忘！继往开来，征程豪迈！生活在这个伟大昌盛的时代，我们是幸运的，也是肩负着实现"中国梦"的责任和使命的！人的一生只有一次青春，青春是用来奋斗的；青少年要敢于有梦、勇于追梦、勤于圆梦。人生如船，梦想是帆。一个人能走多远，不要问他的双脚，而要问他的梦想。职业生涯规划就是筑梦的开始。中职生们更应该扬起年轻的风帆，张开自信的双臂，珍惜美好的青春和健康向上的生活，在"职业生涯规划"这门课程的指导下，保留执着的追求和热烈的愿望，坚持梦想，乘风破浪，用自信和实力开创自己美好的未来！

我的中国梦
奋斗的青春最美丽

知识卡片

来自"一带一路"沿线20国的青年评选出了中国的"新四大发明":高铁、支付宝、共享单车和网购。

三、规划职业生涯

"三百六十行,行行出状元。"在全面建成小康社会、建成富强民主文明和谐美丽的社会主义现代化强国的伟大征程中,中国的发展给全球发展带来了信心,更给每一位有理想、有追求的青年人提供了前所未有的职业生涯发展机遇。但成功没有偶然,更无侥幸。人生绝非缥缈的梦幻,在人生的原野里洒多少汗珠,就会有多少收获。对辛勤的耕耘者来说,人生永远是可爱的。那些对未来太模糊的人,只是嘴上说"我将来要成为一个伟人"或者"我一定要做个成功人士",这种规划就过于笼统或者只是美好的愿景罢了。而那些功成名就的人士,无一不是因为他们拥有一个长期而具体、特定而远大的规划,并将规划付诸实际,一个阶段一个阶段地积累,最终成为众人瞩目的焦点。不要认为每个成功的人都会得到命运的垂青,在他们的背后都有一部辛酸的成长史,他们之所以伟大,是因为有科学合理的人生规划和实际行动。

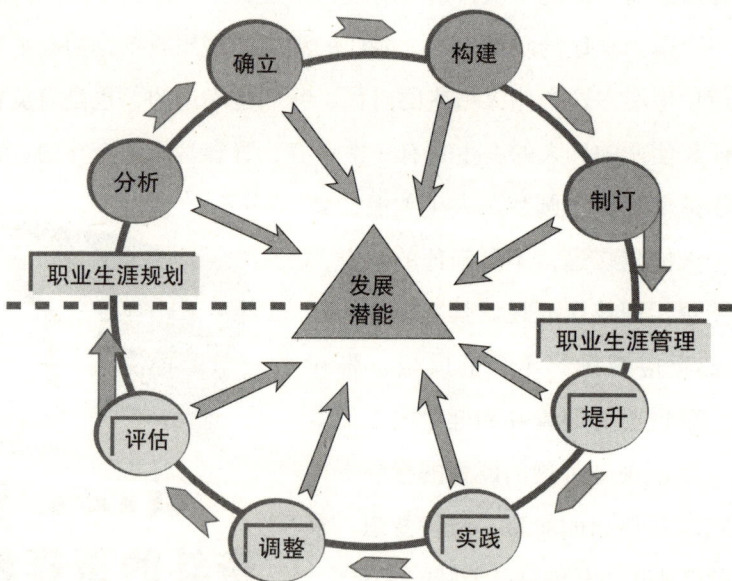

职业生涯的规划与管理

职业生涯规划的目的在于促进学生的可持续发展。本课程围绕"发展"二字，以职业生涯与人生发展的关系为脉络，针对中职生的特点，通过分析发展条件、确立发展目标、构建发展阶梯、制订发展措施四个环节，让学生学会规划职业生涯，在规划自己的过程中坚定理想信念、正确认识自我和社会，树立正确的职业理想、职业观、人才观、择业观、创业观以及成才观，并根据个人发展变化和时代要求，夯实规划、管理规划，为进一步融入职场、赢在职场、创在职场做准备。本课程注重引导学生逐步养成良好的思维习惯、学习习惯、实践意识、创新意识和认真负责的科学态度，培养学生的自我掌控能力、就业创业能力和终身发展能力，以形成"志存高远、德才并重、情理兼修、勇于开拓"的志向和勇气。

从"职业生涯的规划与管理"图示中，我们不难看出，规划自我的过程是走好人生每一步的过程。所以，要想把握好自己的人生，就应尽早规划自己的职业生涯。"职业生涯规划"课程是你挖掘自身价值、实现职业理想、赢得成功人生的好帮手。希望拥有成功的职业生涯吗？那就应该如下棋一样，"走一步、看两步、想三步"，学会规划自己，扎扎实实过三年，清清醒醒过一生。

四、追求成功人生

人生如箭，开弓向前。同学们，丰富多彩的职校生活已经拉开了帷幕，崭新旅途的人生大门就在眼前，心有多大，成功的舞台就有多大。正如习近平总书记所说："有梦想，有机会，有奋斗，一切美好的东西都能够创造出来。"希望大家在"职业生涯规划"课程的帮助、引领下，仰望未来，以梦为马，不负韶华，去追求自己成功的人生。

《国家中长期教育改革和发展规划纲要》指出，"培养什么人、怎样培养人"是教育的核心问题。如何遵循教育规律，如何遵循人的成长规律，积极探索科学育人的方式方法，是教育工作者面对的一个永恒的课题。因此，"职业生涯规划"课程本着"知中学、探中学、悟中学、行中学"的原则，划分为四个单元，共18课。每课通过"一位中职生在不同发展阶段的困惑"这一问题情境导入，引发学生思考，领会本课的学习意图。在正文中，根据编写的内容情况，用"人生故事""有一说一""连线职场""知识卡片""学以致用"五个环节进行贯穿。它们既是正文的重要补充，也是提高职业生涯规划能力的重要手段，为学生自主学习、合作探究、拓宽视野提供了平台。

本课程采用"教师引领规划—同伴探讨规划—榜样激励规划"的构思。"教师引领规划"环节是新授课，教师引导学生进行职业生涯规划的学习；"同伴探讨规划"环节是每单元一节的活动课，围绕本单元的主题探索职业生涯规划；"榜样激励规划"环节是每单元后面所附的一份职业生涯规划获奖作品个案设计，让学生感悟榜样的力量。课程编排既体现了知识间的逻辑性，也符合学生的认知规律和思维特点。

本课程在案例的选择上，"贴近学生、贴近实际、贴近生活"，再加上采用生动贴切的语言，增强了德育课的文化性、趣味性和吸引力。希望同学们在学完这门课以后，更深刻地理解社会发展和时代要求，面对优胜劣汰的激烈竞争，能够找到实现人生价值的方式，清清醒醒过一生，学会规划自己的职业生涯，少走弯路和错路。

同学们听说过关于两块石头的寓言故事吗？在同一座山上，有两块几乎相同的石头，三年后发生了截然不同的变化，一块石头成为雕像，受到很多人的敬仰和膜拜，而另一块石头却成为一块路边石，被别人搬来搬去不说，还经常受到别人的践踏、污损。路边石极不平衡地说道："老兄，我们本是同一座山上的石头，今天产生这么大的差距，令我特别痛苦。"雕像石头答道："老兄，还记得三年前吗？曾经来了一个雕刻家，你不愿意改变，更害怕割在身上一刀刀的痛，不让他在你的身上雕刻；而我呢，为了日后的发展，勇于改变，也不惧怕割在身上一刀刀的痛，才有了今天……我当时忍着剧痛的改变，就是为了今天的人生啊！"路边石听了这一席话，既惭愧，又后悔。

同样的石头，不同的命运，全是因为面对改变的态度不同。由此可见，规划人生，重塑自我，就可以开拓自己成功的人生。反之，若没有蜕变的勇气，只能永远是路边的一块任人践踏的"顽石"。同学们，你想拥有成功的人生吗？那就加入规划自我的征程中吧！规划人生，驶向成功，只要开始，永远不晚；只要进步，总有空间！

有一说一 >>

我们处在一个变革的3C时代：变化（Change）、挑战（Challenge）、机会（Chance）。分析下面3C人生竞争图，你想到了什么？

3C人生竞争图

这幅图片给我们的启示：

压力：不追求进步，就会有被"吃掉"的危险；

前途：成功是一个不断克服困难的过程；

眼光：没有看见并不等于不存在，眼光远大的人总能得到更多。

学以致用 >>

通过网络搜集关于职业生涯规划的材料，结合自己的实际情况，写一写你进入新学校的计划与感想。

第一章

放飞理想　规划护航

同学们，习近平总书记在党的十九大报告中谆谆告诫我们："青年兴则国家兴，青年强则国家强。青年一代有理想、有本领、有担当，国家就有前途，民族就有希望。"作为二八芳华的青少年，如何使自己变得"兴"和"强"呢？毋庸置疑，第一要素就是我们要有人生的理想和信念。在人生奔跑的路途中，我们难免会遇到压力、困难和失败，但唯有信念赋予我们力量，给我们插上搏击风雨的翅膀。曾有这样一幅漫画，画中有一位志大才疏的挖井人，由于缺乏信念，浅尝辄止，最终挖井失败了。其实，他已经在地上挖了不少的大坑小坑，甚至他渴望的水源就在眼前，但由于没有坚持到底的信念，他弃之而去，最终功亏一篑。人生十五六岁，刚刚迈入职校大门的你们是最富有朝气、富有梦想的，青春，因梦想而绚烂，因拼搏而精彩。风华正茂的你们，又踏上了人生的新旅程，那么该如何顺应时代要求，坚定"向前奔跑"的信念，重塑自己的理想呢？本单元将帮助同学们树立切合实际的理想目标，了解所学专业，了解即将从事的职业要求，了解今后多元化的晋升路径，树立合理的人才观等。希望同学们能在国家为中职生成长、成才、成功搭建的"人才立交桥"上，找到目标，坚定追求，提升自信，规划人生，为自己未来的职业生涯发展打好坚实的基础，将"我的梦"融入实现中华民族伟大复兴的"中国梦"之中。

第一节 信念导航塑理想

成长的足迹：

王青初中毕业后，根据自己的中考分数，听从父母的建议，报考了青岛某职业学校。初中的时候，王青对职业学校的了解并不多，他的几个朋友大致有两种声音。一种声音说：到了职业学校，你要努力学好专业知识，掌握专业技能，将来做一个有态度、有技术、有素养的技术工人，目前具有这种工匠精神的高级技工很受社会欢迎；另一种声音说：上了职校就等于混日子嘛，现在年龄还小，工作发展是以后的事，再说，如果连个大学文凭都没有，怎么找工作？青春就是这样，一半明媚，一半阴郁。十五六岁的他，第一次感受到了人生的困惑。他该以什么样的姿态迎接即将开始的中职生活呢？

一、理想是精神之钙

人类因梦想而伟大，所有的成功者都是大梦想家。在历史的长河中，不管身在明媚的春光里或迷茫的雨雾中，还是在辉煌的喜悦里或绝望的呐喊中，人类无时无刻不在梦想着未来。古往今来，那些成大事者无不重视理想的作用，他们早在青少年时代就树立了远大的理想，并把它作为人生奋斗的目标，始终坚定不移地向着这个方向前进。史圣司马迁矢志修史，忍辱负重，终于完成不朽杰作；化学家诺贝尔进行炸药实验，纵使自己负伤，亲人丧命，仍旧坚定不移地工作；伟大的革命导师马克思更是理想与信念相结合的典范，在伦敦图书馆的座位下，竟有他读书放脚所留下的沟痕……反观我们周围的青年人，有些人锐意进取，坚定理想追求，而有些人则踯躅不前，让理想悄然泯灭。而光明和希望总是降临在那些真心相信梦想一定会成真的人身上。

有一说一 》》

有人说，当今社会，社会思想观念和价值取向多元化，人各有志，用不着讲理想了，讲理想不如讲实惠。你认为这一说法有道理吗？你是如何理解的呢？

理想，是对未来事物的美好想象和希望，是人们在实践过程中形成的、有实现可能性的、对未来社会和自身发展的向往与追求。正如著名作家流沙河所言，"理想是石，敲出星星之火；理想是火，点燃熄灭的灯；理想是灯，照亮夜行的路；理想是路，引你走到黎明"。理想好比罗盘，给船舶导引方向；理想好比船舶，载着你出海远航。所以，理想指引人生方向，信念决定事业成败。没有理想信念，就会导致精神上"缺钙"。中职生正值青春年少，每个人都应该坚定理想追求，补足精神之钙，方能开拓自己的未来。

人生故事 》》

著名探险家约翰·戈达德15岁时在一张白纸上一口气列举了自己的127项宏伟愿望，如到尼罗河、亚马孙河和刚果河探险；登上珠穆朗玛峰、乞力马扎罗山和麦特荷恩山；驾驭大象、骆驼和野马；探访马可·波罗和亚历山大一世走过的道路；主演一部像《人猿泰山》那样的电影；驾驶飞行器起飞降落；读完莎士比亚、柏拉图和亚里士多德的著作；谱一部乐曲；写一本书；游览全世界的每一个国家；参观月球；等等。他将这些愿望命名为"一生的志愿"。而44年后，他终于实现了其中的106个愿望。有人问他是凭什么将许多"不可能"踩在脚下的，约翰·戈达德笑着说了一句话："凡是我能够做的，我都想尝试。"

想一想：著名探险家约翰·戈达德敢于追梦的故事给你什么启示？

二、社会理想是民族之魂

我们人类的社会生活是多样的，对现实的认识和对未来的想象也是多层次的，这就决定了人们的理想是多方面和多类型的。认识理想的类型，有助于我们在社会生活的各方面都树立明确的奋斗目标。

知识卡片

◎ 从理想的性质上来分，理想有崇高的、远大的，也有狭隘的、庸俗的。

◎ 从理想与奋斗目标的关联上来分，有共同理想和最终理想。

◎ 从理想的时序上来分，有近期理想和长远理想。

◎ 从理想的内容上来分，可分为社会理想、道德理想、生活理想和职业理想等。

社会理想是人们对未来社会的设想。社会理想包括对未来社会的政治制度、经济制度、科学文化制度、社会面貌等的预见和设想。

道德理想是指一定社会、一定阶级或个人的理想人格，是人们在道德方面追求的最高标准的行为表现。

生活理想是人们对未来生活的追求和向往，既包括对吃、穿、住等物质生活的追求和向往，也包括对文化娱乐等精神生活的追求和向往，还包括对婚姻、家庭生活的追求和向往。

职业理想是人们对未来工作部门、工作性质以及在职业上达到的程度的追求和向往。

社会理想、道德理想、生活理想和职业理想四者密切联系，相互渗透，共同构成一个人的人生理想大系统，对人们的活动施加综合性影响。其中，社会理想起着主导作用，贯穿于道德理想、生活理想和职业理想之中；而道德理想、职业理想和生活理想从不同的方面体现着社会理想，从属于社会理想。

一个国家的强盛，离不开精神的支撑；一个民族的进步，有赖于文明的成长。目前我国的社会理想是实现中华民族伟大复兴的中国梦。中华民族的伟大复兴，不仅要在经济发展上创造奇迹，也要在精神文化上书写辉煌。那么，在追逐中国梦的伟大奋斗中，弘扬什么样的价值观，才能使我们的国家、民族、人民在思想和精神上更加强大？党的十八大从国家、社会和公民三个层面概括了社会主义核心价值观的价值目标、价值取向和价值准则。"倡导富强、民主、文明、和谐，倡导自由、平等、公正、法治，倡导爱国、敬业、诚信、友善，积极培育和践行社会主义核心价值观。"这三个"倡导"，勾画出一个社会的共同理想，是亿万人民的精神家园，在全社会激发起强烈的共鸣。

历史证明，无论国家和民族，还是团队和个人，贫弱落后固然可怕，但更可怕的是精神空虚。失去了理想信仰，内心没有约束，再丰裕的物质生活，也难免"金玉其外，败絮其中"。因此，社会主义核

心价值观是中华民族的精神之魂，是当代中国的兴国之魂。我们要把个人的理想追求融入实现中华民族伟大复兴的社会理想之中。

名人名言 》》

广大青年一定要坚定理想信念。"功崇惟志，业广惟勤。"理想指引人生方向，信念决定事业成败。没有理想信念，就会导致精神上"缺钙"。中国梦是全国各族人民的共同理想，也是青年一代应该牢固树立的远大理想。

——习近平

人生故事 》》

谁说上大学才有出息
—— 19岁的高职生直接升副高职称并获省政府奖励80万元

2017年底揭晓的"2017年江苏教育十大新闻"中，第44届世界技能大赛工业机械装调项目金牌获得者宋彪、烘焙项目金牌获得者蔡叶昭分别荣获个人一等功，被认定副高级专业技术职称，晋升高级技师职业资格，优先推荐评选省有突出贡献中青年专家、享受国务院政府特殊津贴人员，各奖励50万元。宋彪是江苏省常州技师学院机械工程系的一名普通学生，回首来时路，拼搏过程历历在目。

宋彪的中考成绩不理想，父亲并没有责备他，只是跟他聊了聊自己年轻时的一些经历，特别是父亲经历的挫折和对人生的感悟。宋彪说："与父亲的谈话让我重燃对知识的渴望和对未来的希望。"后来，家人决定让宋彪到江苏省常州技师学院学一门技术。从那一刻起，宋彪也决定重新开始，"拿不好笔杆子，就拿好工具"。刚开始，由于基础知识太差，老师讲的专业知识宋彪很难听懂。于是，他就利用课余时间请教专业课老师，把课堂上听不懂的专业知识一一搞懂。经过一个学期的学习，宋彪的成绩有了明显提高。2016年6月，宋彪代表学校参加第44届世界技能大赛江苏省选拔赛。宋彪想，这是检验技能水平的一次绝好机会。因为是第一次接触焊接，宋彪的脖子被电弧灼伤，可他坚持带伤训练了一个月。最后，他以第一名的成绩代表江苏省参加全国选拔赛。

进入国家集训队后，宋彪一方面努力训练，提高技能，另一方面努力提高自己的心理素质。在"六进三"阶段性考核中，宋彪获得第一名，在此后的"三进二""二进一"阶段性考核中，宋彪均顺利晋级，最终获得了第44届世界技能大赛的入场券。努力拼搏，践行技能梦。宋彪感慨地说："原来人生还有这样一种方式，拥有精湛的技能，一样可以让生命熠熠生辉。"

想一想：中职起点的宋彪为什么能够年少成名？你为踏上技能成才这条路做好准备了吗？

三、职业理想是人生的翅膀

有人说：心存希望，幸福就会降临你；心存梦想，机遇就会笼罩你。中职生总有一天要踏入社会、立足社会，为社会建设做出自己的贡献。为了更快更好地适应社会，中职生首先必须要树立正确的职业理想。树立正确的职业理想，对个人、对社会都有极其重要的作用。职业与职业理想密不可分，我们先来了解一下什么是职业。职业是个人在社会中所从事的、有稳定收入的工作，既是人们实现人生价值、为社会做贡献的舞台，也是进行自我完善、使个人与社会相互联结的纽带。

有一说一 >>

1. 传销和职业扒手是职业吗？
2. 文物商贩是职业吗？
3. 全职太太是职业吗？
4. 暑假勤工俭学是职业吗？

职业理想是个人对未来所从事的职业的向往和追求，是职业生涯发展的动力。职业理想使个人职业生涯发展有了明确的奋斗方向。它对人生的发展有着不可估量的作用。

我们为了实现人生理想，必然会克服种种困难，以顽强的斗志、坚强的毅力和勇于拼搏的精神去奋斗。因此，职业理想就成为人们前进的动力，从而使劳动积极性和创造性得到有效发挥，创造出不凡的业绩，成就一番事业，人生价值也能得到体现。

人们在追求和实现个人职业理想的过程中，能够掌握专业知识和专业技能，成为技能型人才和高素质劳动者，进而为企业创造财富，促进社会各行各业的可持续发展，为实现国家富强、民族振兴、人民幸福，实现中华民族伟大复兴的中国梦贡献一份力量。"得其大者可以兼其小。"只有把人生理想融入国家和民族的事业中，才能最终成就一番事业。

同时，人们在对职业理想的追求和实现的过程中，能够培养良好的职业道德，增强对他人、对企业、对社会的责任感，践行"爱国、敬业、诚信、友善"的价值观，对全社会有着强大的示范作用，进而传递正能量，培育和践行社会主义核心价值观，弘扬民族精神，促进社会精神面貌的变化。

连线职场 >>

命运就在自己的信念里

甘相伟，北大保安出书第一人，站着上北大的保安。甘相伟毕业于湖北某职业学校，曾有一份稳定的工作。为了实现自己的北大梦想，他毅然从湖北山区辗转来到北京，在北京大学当了一名普通保安，希望充分利用北大良好的学习资源，成就自己。他在北大的几年里看了400多本书，写下近10万字的文集。现在的他不仅参加各种采访活动、到大学演讲，更是陶醉在文学世界里，他将立志抒写人生三部曲《站着上北大》《从北大起航》《在北大圆梦》。

其实，在过去的20年里，北大保安队先后有500余人在辛苦的工作之余，考学深造，有的考取大专或本科学历，有的甚至考上重点大学的研究生，还有的毕业后当上了大学老师。

想一想：从甘相伟和北大保安队的身上，你发现职业理想对人生有何作用？

学以致用 >>

利用网络或者调查访谈的形式，访问三位事业有成的本校优秀毕业生，了解他们的现状、对职业理想的追求以及实现理想的过程，体会职业理想的作用。

受访毕业生现状	职业理想	实现过程

第二节　注重规划易成才

成长的足迹：

王青自从来到了职业学校，每天都生活得充实而快乐。新的专业课学习为王青打开了一扇崭新的窗户，职校处处生机勃勃，让王青对自己的职校生活充满了期待。尤其是学长学姐们取得的骄人业绩，让王青感觉特别眼热。他暗下决心，将来也要像他们那样，有一份好的工作，有优秀的工作成绩。不过，学长学姐们的成长、成功、成才之路各有特色，自己的规划之路又该如何选择呢？自己学习的这个专业，毕业后可以从事哪些工作呢？除了参加实习就业，还有哪些成才的方式呢？

一、人生需要规划

凡事预则立，不预则废。要想干成一件事，仔细、认真地制订规划是不可或缺的。同样，这样的道理也适用于职场。一个人想要立足于职场，在这之前的职业生涯规划就是不可缺少的一步，成功的人生需要正确的规划。

职业生涯规划简称生涯规划，又称职业生涯设计，是指个人发展与组织发展相结合，在对个人职业生涯的主客观条件进行测定、分析、总结的基础上，对自己的兴趣、爱好、能力、特点等进行综合分析与权衡，结合时代特点，根据自己的职业倾向，确定最佳的职业奋斗目标，并为实现这一目标制订相应的工作、教育和培训的行动计划，对每一步骤的时间、顺序和方向等做出行之有效的安排。

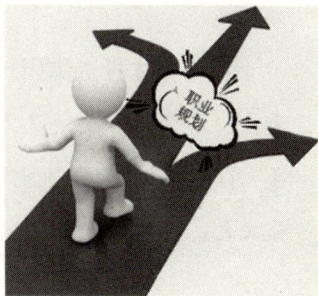

人生故事 >> 》

知道自己想要什么

杨澜，中国著名电视节目主持人及企业家，曾被评选为"亚洲二十位社会与文化领袖""能推动中国前进、重塑中国形象的十二位代表人物""《中国妇女》时代人物"等。她一步一个台阶，不断追求着自己的梦想。

娱乐传媒人：1990年还是北京外国语学院大学生的杨澜，以其自然清新的风格、镇定大方的台风及出众的才气成为中央电视台《正大综艺》主持人。此后四年的工作不仅开阔了杨澜的眼界，更确立了她未来的发展方向：做一名真正的传媒人。

复合型传媒人：1994年杨澜辞职赴美留学。业余时间，她与上海东方电视台联合制作了《杨澜视线》，同时担任策划、制片、撰稿和主持的角色，实现了自己从最底层"垒砖头"的想法。杨澜借此实现了从一个娱乐节目主持人向复合型传媒人才的过渡。

凤凰卫视主持人：1997年杨澜回国加盟凤凰卫视。1998年1月，《杨澜工作室》正式开播，杨澜是主持人和当家人。随后两年，杨澜一共采访了120多位名人。她拥有了世界级的知名度、多年传媒工作经验以及重量级的名人关系资源。

阳光卫视当家人：1999年10月杨澜辞职。2000年3月，她的阳光文化网络电视控股有限公司成功上市。2001年她接手中国最大的门户网站之一——新浪网，开创了网络和电视相结合的时代，又与四通集团合作成立"阳光四通"，开始进军网络业。

拥有实体投资集团：2006年底杨澜重回文化圈，她和东方卫视、凤凰卫视、湖南卫视合作，主持了《杨澜视线》《杨澜访谈录》《天下女人》等节目。2007年7月杨澜将阳光媒体投资集团权益的51%无偿捐献，并在香港成立非营利机构阳光文化基金会。

想一想：杨澜在职业发展中，为自己量身打造的职业生涯规划起到了什么作用？杨澜的成功，对你发展职业生涯有什么启示？

杨澜的职业生涯规划是建立在自身所处的职业环境基础上的，她针对未来职业方向制订了明确的职业生涯规划。这个故事告诉我们，职业发展必须要先认识自己，认识自己的能力、兴趣和外界环境作用的关系，力争主导环境，而不是被环境所主导。

职业生涯规划的主要目的是帮助个人真正了解自己，根据主客观条件设计出合理且可行的职业生涯发展方向，是个人成才的需要。职业生涯活动将伴随我们的大半生，拥有成功的职业生涯才能实现完美人生。因此，职业生涯规划具有特别重要的意义。

名人名言 》》

不为明天做准备的人永远不会有未来。

——卡耐基

职业生涯规划有助于确定职业发展目标。目标即想要达到的境地或标准。目标明确会让自己少走弯路，更快地实现目标。通过自我分析和外部环境的分析，充分认识自己的兴趣、能力、性格等，明确自己的优势，明确外在的机遇，就可正确设定自己的职业发展目标，并制订行动计划，使自己的才能得到充分发挥，以实现职业发展目标。

名人名言 》》

一个人不论赋有什么样的才具，他如果不知道自己有这种才具，并且不形成适合于自己才具的计划，那种才具对他便完全无用。

——休谟

职业生涯规划可以增强发展的目的性与计划性。职业生涯规划是以人的认识为基础的，是要解决目标问题的，不是盲目地"撞大运"，要有计划、有目的。很多时候我们的职业生涯受挫就是由于生涯规划没有做好。

职业生涯规划可以提升应对竞争的能力。物竞天择，适者生存。合理规划自我也是时代发展的需要。当今社会到处充满着激烈的竞争，要想在激烈的竞争中脱颖而出并立于不败之地，必须设计好自己的职业生涯规划。磨刀不误砍柴工，要有清晰的认识与明确的目标，做到心中有数，不打无准备之仗。

知识卡片

职业树

　　每个人的职业生涯就像一棵树，想获得好的职业发展，就要开始规划，着手从根系、主干和枝脉三个层面打造自己！

　　树的枝脉（Network），善于经营这些圈子网络是茁壮成长的必需环节。

　　树的主干（Hard Skill），决定了你的职业方向和能够进入的公司层级。

　　树的根系（Soft Skill），代表了你摄取养分的方式和积蓄成长的动力。

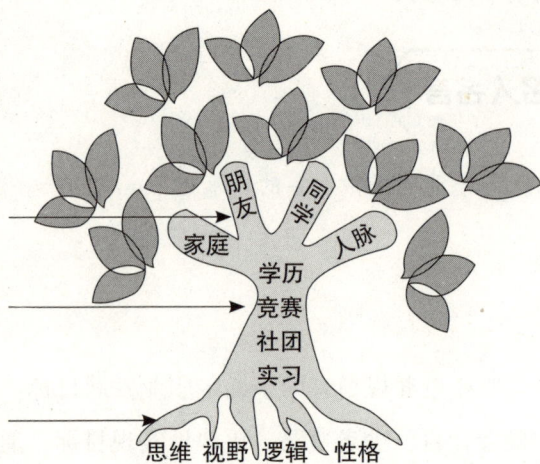

朋友　同学　家庭　人脉

学历　竞赛　社团　实习

思维　视野　逻辑　性格

学以致用 》》

　　搜集一位事业有成的人的事迹，并结合下面的问题整理他的奋斗历程，小组同学之间相互交流。

　　1. 这位事业有成的人的职业目标是什么？奋斗历程是怎样的？

　　2. 你从他的身上学到了什么？

　　3. 他的奋斗历程对你产生了哪些影响？你准备如何安排今后的学习生活？

二、中职生成才立交桥

　　党的十九大报告指出：完善职业教育和培训体系，深化产教融合、校企合作；建设知识型、技能型、创新型劳动者大军，弘扬劳模精神和工匠精神，营造劳动光荣的社会风尚和精益求精的敬业风气。这为职业教育发展指明了方向，规划了前景。

　　目前我国职业教育已经形成了一种"就业有路、升学有门"的大好局面，职业教育和社会的衔接大大加强，搭建了中职生成才的立交桥：中职与社会就业准入的立交桥，中职与高职教育的立交桥，中职与基础教育及高等教育的立交桥，中职与社会职业需求的立交桥。现代职业教育体系初步建立，国家为中职生的成才保驾护航。

名人名言 》》

　　"神童"和"天才"，如果没有适当的环境和不断的努力，就不能成才，甚至堕落为庸人。

—— 维纳

　　条条大路通罗马。中职生的发展方向一般有这样几种情况：一是可以根据个人实际，毕业后选择就业；二是可以通过报考"中高职三二连读"，中职三年毕业后直接到对口的高职院校就读大学；三是可以通过报名参加全国范围的春季高考和夏季高考等方式进入全日制大学深造；四是可以通过报考中职与大学融通的"3+4"连读，直接实现自己的本科梦；五是可以通过成人高考、自学考试、电视大学等方式边工作边读书，完成业余的学历晋升；六是可以响应国家号召，紧跟时代步伐，选择创业。

　　李克强总理在2014年达沃斯论坛开幕式上发出"大众创业、万众创新"的号召，这是时代赋予我们年轻人最丰厚的礼物。

　　中职生有自己的创业优势。中职生具有相应的专业知识和较强的专业技能，同时也接受了一定的创业教育，学校组织的各种社会实践活动和顶岗实习，使学生能够了解即将从事的行业和企业的要求，积累社会实践经验和实习经验。中职生在充分了解自身条件和客观环境之后，一般会选择资金投入较少、技术含量较低的个体经营或小企业，这样创业的成功率较高。愿同学们在这个众创时代，充分发挥自己的优势，让每一个梦想腾飞！

连线职场 》》

搭建人才成长立交桥

　　2013年青岛市成为山东省首批开展"3+4"试点城市。在此基础上，青岛市不断扩大中等职业教育与本科教育"3+4"对口贯通分段培养试点。目前，试点中职学校由最初的3所增至8所，对口本科院校由1所增至5所，并且首次与省外本科院校联手培养应用型人才。

青岛市在青岛部分中职学校开展了"职普融通"试点，试行职业教育与普通高中"学分互认、学分互转"。实施公共基础课程改革，率先在全国推出中等职业学校公共基础课程改革指导意见。倡导课程评价形式多样化，简化卷面考试科目，采用调查报告、情景模拟对话、学生成果展示等多种评价形式。在2017年的全国职业院校技能大赛中，青岛代表队共获得33个一等奖、42个二等奖和23个三等奖，金牌数量和奖牌数量均保持全国前列。

青岛市还打造"职教义工"服务品牌，推进"立德树人"与改革职业学校学生评价体系"同频"，将学生参加职教义工情况纳入学校德育管理和综合素质评价体系，与推优评选、推荐实习、就业等挂钩。全市参加志愿服务活动的中职生达到中职在校生的60%，其中注册志愿者占中职在校生的30%以上。

国际交流也是重要的一个方面。目前，青岛市90%以上的中职学校和全部高职院校均与德国、美国、加拿大、澳大利亚等国家和地区建立了长期合作关系，开展教师交流培训、国际学生交换、研修、专业共建等活动……

学以致用 〉〉

通过咨询老师、请教学长等方式，了解自己所在的学校有哪些就业和升学的途径。它们都有什么要求？需要我们做哪些准备？

三、树立正确的成才观

当今时代，是务实创新、人尽其才、人才辈出的新时代。国家也为中职生搭建了成才的立交桥，中职生只要能顺应时代发展需求，充分发挥自己的优势，人人都可成为社会发展所需的有用之才。因而，中职生要树立正确的成才观，相信通过自己的努力拼搏，也会成为各行各业的佼佼者，为本行业的发展，为实现国家富强、民族振兴、人民幸福，实现中华民族伟大复兴的中国梦做出自己的贡献。

学以致用 »

职校技能大赛上争人才 高级技工身价超硕士

在第三届全国职业院校技能大赛中获得"光伏发电系统的安装与调试"赛项一等奖的李伟，是某高职学院三年级学生。比赛一结束，他就被中交一航局安装公司"签"走，待遇是实习期每月3000元，转正后每月5000~6000元。这个薪水让很多本科生和研究生都心动。

近年来"技工荒"成为全国制造业发展的一个瓶颈。劳动力市场"高级蓝领"人才奇缺，技能型生产岗位人才难求。每年全国职业院校技能大赛闭幕后，刚刚从赛场走出来的选手们成为企业争相抢夺的"香饽饽"，几十家企业就迫不及待地在比赛现场招聘，所有竞赛项目的一、二、三等奖获得者成为企业追捧的对象。这些全国顶尖的未来"蓝领"尚未走出校门，就被各大企业以高薪争抢，企业给出的薪酬待遇一路飙升，通过各种"杀手锏"，不拘一格"抢"人才。

树立"干一行、爱一行、专一行"的成才观。尽管目前人才的流动已经成为常态，一个人一生只从事一种职业的可能性也越来越小，但无论在岗位上的时间长短，都要树立"干一行、爱一行、专一行"的从业理念和职业情感，这样才有可能实现今后职业生涯的发展。要知道，学校的教育学习只是为中职生成才提供了各种条件，所谓"师傅领进门，修行靠个人"。中职生在职业实践中锻炼自己，挖掘自己的潜能、发挥自己的能力，要立足岗位成才的理念，否则就如蜻蜓点水，浅尝辄止，无法获得真正的职业锤炼。

人生故事 »

当代保尔

马俊欣，河南省郏县人民检察院副科级检察员，全国模范检察官，全国五一劳动奖章获得者。

大学时，马俊欣的脊椎、颈椎不慎受到重创，留下了严重的后遗症：左半边身子瘫痪、僵硬，右半边身子可以勉强活动，转动脖子却疼痛万分。他不能平躺睡觉，大部分时间只能靠在椅子上打盹儿休息；常人极易完成的翻身、起坐、伸腰、穿衣等动作，对他来说都是奢望。就是这样一副羸弱的身躯，他工作25年来也从不懈怠。他从系第一颗扣子到穿戴整齐需要25分钟的时间，但从没迟到，没请过一天假，没因为看病耽误工作。对群众，他满腔热忱，拖着伤残的身体调查取证、多方协调，曾为上访17年的信访当事人讨回公道，为残疾农民工追回拖欠款物13万余元。

他"干一行、爱一行、专一行"，以顽强的意志坚持不懈地为人民服务，被誉为"当代保尔"。

树立"行业无高低贵贱之分"的成才观。职业是社会分工的产物，每种职业的存在都是社会需要的，缺少任何一种职业，社会都难以正常运转。职业是我们谋生、实现自我价值的手段，无高低贵贱之分。中职生要从自身出发，树立正确的成才观——行业无高低贵贱之分，适合自己的就是最好的。作为青年，不应该只看到职业光鲜的外表，而应该懂得每一种职业都是利弊皆有，高报酬也是高挑战与高技术的必然结果。

名人名言 》》

要树立正确人才观，培育和践行社会主义核心价值观，着力提高人才培养质量，弘扬劳动光荣、技能宝贵、创造伟大的时代风尚，营造人人皆可成才、人人尽展其才的良好环境，努力培养数以亿计的高素质劳动者和技术技能人才。

——习近平

树立"人尽其才，才尽其用"的成才观。中职生要树立为人民服务的意识，无论遇到什么困难和挫折，都能站在一个高的立场来看待，积极主动地投身于为人民服务的伟大事业当中，用"人尽其才，人展其才，才尽其用"的豁达态度面对困难，使自己和社会同步发展，为人民和国家做出更多的贡献，成为社会需要的人才。

"三百六十行，行行出状元。"同学们，人人有才，人无全才，扬长补短，个个成才。只要相信自己，制订一份适合自己的职业生涯规划，设立切实可行的目标，并不断地提高自己和完善自己，做好适应社会、融入社会和就业创业的准备，你就会成为社会需要的人才！

学以致用 >>

到家长或亲朋好友工作的地方，观察他们的工作环境和劳动过程，讲一讲他们是如何为他人、为社会服务的。

第三节 提升素养谋发展

成长的足迹：

与普通高中相比，职业学校同样有广阔的发展前景，在升学、就业、成才等方面都搭建了卓有成效的桥梁。这让王青跃跃欲试，心里充满要在今后的学习生活中大展手脚的热情。不过，王青也深知，随着社会科技的不断进步，用人单位对技术型人才、复合型人才的需求大幅增加。常言道：家有万金，不如一技在身。那么，在竞争激烈的市场环境中，他应该如何证明自己的综合能力呢？自己所学专业又能从事哪些方面的工作呢？以后还能有哪些机会可以实现职业生涯的晋升呢？

一、了解专业所对应的职业群

进入网络化时代的今天，社会分工越来越细，职业种类繁多、差异较大。中职生要择业就业、发展职业，就要积极了解自己所学专业及对应的职业群，明确相关职业对从业者素质的要求，有的放矢地对自己的职业生涯进行规划，以较高的综合职业素质主动适应社会发展趋势，在职业发展过程中拔得头筹。

名人名言 >>

选择职业是人生大事，因为职业决定了一个人的未来……选择职业，就是选择自己的将来。

—— 罗素

职业教育的专业设置具有明显的技术性和职业性，包括计算机及应用、旅游服务与管理、航空服务、电子技术应用、国际商务、汽车运用与维修、公路运输管理、物业管理、国际邮轮乘务管理、物流服务与管理、珠宝玉石加工与营销、会计、中西餐烹饪、酒店服务与管理、服装设计与工艺、金融事务等众多专业。根据专业划分，开设了不同的"专业课"，比如旅游专业的导游基础课，建筑专业的建筑工程测量等。这些专业课都有各自专业的教学计划，是中职生就业的基础，为中职生顺利就业和职业生涯可持续发展服务。

为了拓展同学们的择业面，中等职业学校都设置了面向各个专业的"公共课"，比如语文、数学、音乐、德育、体育等。这些公共课的开设，促进了中职生综合素质的全面发展，奠定了中职生今后转岗、晋升的基础。

中等职业学校教育以就业为导向，每个专业都对应着特定的职业群。职业群一般由基本操作技能相通，工作内容、社会作用以及从业者应具备的素质接近的若干个职业所构成。对于中职生的职业生涯发展来说，所学专业对应的职业群有两类：适合中职生横向发展的职业群和适合中职生纵向发展的职业群。

1. 适合中职生横向发展的职业群

适合中职生横向发展的职业群主要体现为首次就业时择业面的拓展或今后可能转岗的职业。

例如，计算机及应用专业的中职毕业生，可从事的工作如下。

计算机及应用专业的中职毕业生

到计算机公司当职员	到制造业当技术工人	到机关、企事业单位任职	到其他行业
从事计算机及相关软硬件产品的销售、储运工作，系统集成工程项目市场的工程施工及有关技术支持工作，软硬件产品的售前与售后客户服务、技术咨询、软件编码工作，用户初级技术培训、操作培训工作等。	从事计算机控制机器设备的操作、测试、维修工作等。	承担计算机机房和微机室的操作、管理、维护和网络系统维护，办公室的报表处理、打印、打字、复印、电脑控制设备操作，办公服务场所的计算机管理与维护等工作。	……

即使是一些针对性很强的专业，中职生就业时也有相当大的选择空间，可以按自己的个性特点进行择业。例如，汽车制造与维修专业、汽车运用与维修专业的毕业生就业时，可在多种岗位中进行选择。

```
                    汽车制造与维修
                    汽车运用与维修
        ┌────┬────┬────┬────┬────┬────┬────┐
      汽车   汽车   汽车   汽车   汽车   交通   其
      制造   维修   检测   销售   驾驶   运营   他
```

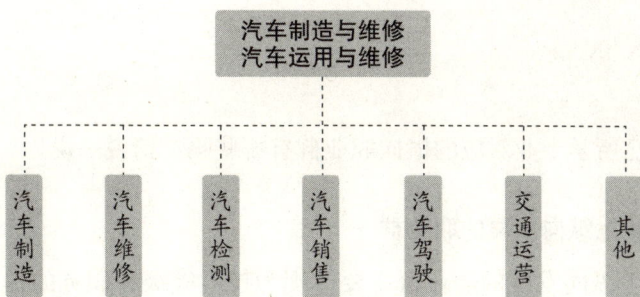

下面列举部分专业对应的职业群。

（1）物业服务与管理专业对应的职业群

物业公司：物业管理员、物业公司保安、前台接待、后勤人员、水电工维修人员、办公室文书、保洁人员、客服人员、经理助理、经理等。

房地产方向：置业顾问、房屋检验维修人员、市场助理、房产中介等。

（2）旅游乘务专业对应的职业群

导游方向：导游员、公共游览场所服务员、展览讲解员、旅行社计调员、旅行社外联员、地勤、接待员、司机、网络维护等。

乘务员方向：普通乘务员、动车乘务员、空姐、餐车服务员、动车保洁员、车上广播员等。

（3）通信运营服务专业对应的职业群

呼入方向：售后服务接线员、热线电话服务员、其他话务员等。

呼出业务：用户通信终端服务员、呼叫座席员、电信业务员等。

（4）智能化家居设计专业对应的职业群

家居公司设计师、平面插图制作员、家居公司业务员、电脑雕刻设计师、3D动漫设计师、动画绘制员、橱窗设计师、墙面手绘师、广告设计师、服装设计师、影楼后期制作师、淘宝美工装修师、街头素描师、摆台设计师等。

适于自己横向发展的职业群，能帮助中职生深入了解自己所学的专业，开阔思路，为首次就业提供了比较宽的范围，为今后调整职业生涯发展方向提供了可能。

当然，在清理职业群时，要筛选出适合中职生的职业。有些岗位适合大学生，有些岗位适合中职生，而有些岗位则既录用大学生，也录用中职生，在这类岗位上，大学生有理论功底深的长处，中职生有动手能力强的优势。只要中职生善于扬长避短，会有越来越多的用人单位更倾向于中职生。

有一说一 》》

你了解自己所学专业对应的横向职业群有哪些吗？请说一说。

2. 适合中职生纵向发展的职业群

适合中职生纵向发展的职业群主要体现为技术等级和职务的提升，是中职生职业生涯发展潜在的岗位。

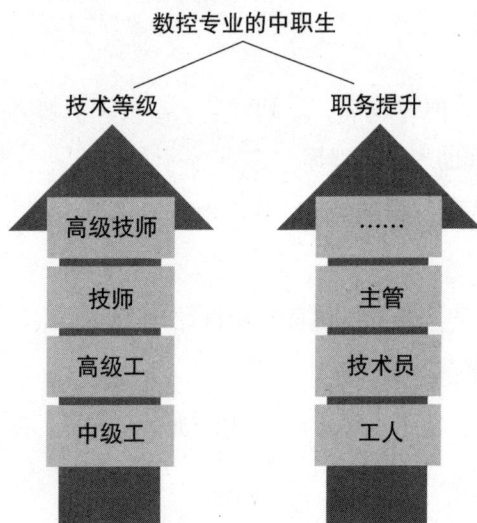

数控专业的中职生

技术等级　　职务提升

高级技师　　……

技师　　主管

高级工　　技术员

中级工　　工人

要做到纵向发展，首先要学好学校开设的各类课程，为首次就业做好充分准备，也为今后发展做好铺垫；其次要努力提升自身素养，树立终身学习的理念，活到老、学到老，在不同发展阶段进行有针对性的学习，因为职业生涯的纵向发展，需要从业者不断提高综合职业素养；最后，每个人对于自身的职业生涯发展，应该有个长远的计划，做到"走走，看看，想想"，目标明确地发展自己的职业生涯。

每个职业都有各自横向和纵向发展的路线，中职生应该从自己所学专业出发，分析适合自己横向和纵向发展的职业。展望未来，志在千里，是每个青年人应有的胸怀。

有一说一 》》

你了解自己所学专业对应的纵向职业群有哪些吗？请说一说。

二、考取相关的职业资格证书

"天高任鸟飞，海阔凭鱼跃。"在竞争激烈的就业市场环境中，中职生的优势不是学历，而是实践能力，证明这一优势的重要凭证是职业资格证书。职业资格证书可用来证明持证者具有从事某一职业所必备的学识、技术和能力。它是求职就业的"入场券"，是具有实力、能胜任岗位的标志，也是增强就业竞争力的手段。如果能在毕业前多拿几个证书，不但能增加就业机会，而且能扩大择业面，对中职生有特别重要的意义。

知识卡片

职业资格证书

职业资格是对从事某一职业所必备的学识、技术和能力的基本要求。职业资格证书包括从业资格证书和执业资格证书。

职业资格证书是国家证书制度的一个组成部分，它通过国家法律、法令和行政条规的形式，以政府的力量来推行，由政府认定和授权机构来实施，是在全国范围内通用的、对劳动者从业资格进行认定的国家证书。与中职生就业有关的职业资格证书有三大系列：以技能为主的职业资格证书；专业技术人员职业资格证书；公务员职业资格证书。

现行国家职业资格证书整个证书体系分为初级（国家职业资格五级）、中级（国家职业资格四级）、高级（国家职业资格三级）、技师（国家职业资格二级）、高级技师（国家职业资格一级）五个层次。

学以致用 》》

你所学专业对应的职业群有哪些可以获得国家认证的职业资格证书？这类职业资格分为多少个等级？考取这些职业资格证书，理论知识和操作技能要求具体有哪些？

填写下表：

所学专业对应的职业群可获得的职业资格证书名称	职业资格证书等级	理论知识和操作技能要求

三、职业对从业者素养的要求

人生故事 》》

雕刻火药的大国工匠徐立平

徐立平是中国航天科技集团公司第四研究院7416厂航天发动机固体燃料药面整形组组长，国家高级技师、航天特级技师。

自1987年参加工作以来，徐立平一直为导弹固体燃料发动机的火药进行微整形，这项工作被称为雕刻火药，可以说他"在炸药堆里工作"。雕刻火药在全世界都是一个难题，无法完全用机器代替。下刀的力道完全要靠工人自己判断，药面的精度直接决定导弹能否在预定轨道达到精准射程。操作中稍有不慎，蹭出火花就会引发高能火药瞬间爆炸。经徐立平之手雕刻出的火药药面误差不超过0.2毫米，堪称完美，这让他的师傅都望尘莫及。这是一项极度危险的工作，全国只有不到20个人可以胜任，而这里面最出色的一个就是徐立平。

1989年，我国某重点型号发动机试车时出现问题，必须剥开填筑好的火药。徐立平主动要求加入突击队，"可以说我们厂有史以来头一次钻到火药堆里去挖药，挖药量极大"。操作危险高，空间狭小，高度紧张和缺氧使每人每次最多只能干十多分钟，徐立平总是坚持着多干五六分钟才出来，每次最多只能挖四五克推进剂……在无比艰难的两个多月里，徐立平和队友们用超出常人的勇气挖出了300多千克火药，且成功排除发动机故障，试车成功！

像这样危险的任务，徐立平已不记得完成多少次了。为了杜绝安全隐患，徐立平发明设计了20多种药面整形刀具，其中有两种获得国家专利，一种还被单位命名为"立平刀"。

30多年来，徐立平认识技艺，掌握技艺，崇尚技艺，敬畏技艺，潜心做事、默默耕耘，他的奉献精神深刻体现着社会主义核心价值观，为我们整个社会注入了极为宝贵的正能量。徐立平因精湛技艺、敬业态度和奉献精神而被赞誉为"雕刻火药的大国工匠"，先后获得航天固体动力事业50年"十大感动人物"、"三秦楷模"、中华技能大奖、全国五一劳动奖章、2015年度"感动中国"人物等荣誉。2017年3月30日，中央宣传部授予徐立平"时代楷模"荣誉称号。

想一想，大国工匠徐立平30多年的工作历程展现了哪些良好的职业素养？这给你什么启示？

职业素养是人类在社会活动中需要遵守的行为规范。职业素养是指职业内在的规范和要求，是在职业过程中表现出来的综合品质，包含职业道德、职业安全、职业形象、职业能力、职业体能和职业审美等诸多方面。用人单位招聘时，往往要求从业者具有符合职业岗位需要的综合职业品质，即职业素养。

有一说一 》》

有的同学说："我的专业技能很强，这表示我的职业素养很高。"你认为这种看法对吗？你是怎么理解的呢？

连线职场 》》

一位企业家在分析一线员工的职业素养时，写了个"1000000"。他解读说："1"是指健康的身体，即身体好，身体条件要符合岗位要求，身体不好怎么学习和工作？没有这个"1"，后面的"0"就失去了意义。后面的六个"0"，他依次排列为责任心强、敬业爱岗、情商、智商、技能、学识。他强调：前两个"0"最重要，没有这两个"0"，什么工作也做不好；中间两个"0"结合起来才有用，能把这两个"0"结合起来的人，在工作中才有发展潜力；少了后两个"0"，不但一百万变成了一万，而且这个人也上不了岗。

中职生应该在学校各项教育教学活动中，有意识地结合自己所学专业对应的综合职业素养，目标明确地进行强化训练，为就业创业做好准备，为职业生涯的可持续发展奠定基础。

培养职业道德、职业形象等职业素养。核心职业素养体现在很多方面，如敬业精神、独立性、责任心、团队意识、职业操守等。中职生应该有意识地在学校的学习和生活中主动培养核心职业素养，不管做什么工作，一定要"用心"去做到最好，发挥出实力。积极自信、乐于助人、学会分享、感恩、勇于担当等态度是决定成败的关键因素。

名人名言 》》

学生时代是美好的，同学们在这里积蓄奋发力量，每一寸光阴都很宝贵。各行各业需要大批科技人才，也需要大批技能型人才，大家要对自己的前途充满信心。希望同学们立志追求人无我有、人有我优、技高一筹的境界，学到真本领，用勤劳和智慧创造美好人生。

——2015年6月17日，习近平考察贵州省机械工业学校时寄语中职生

培养职业审美和职业体能等职业素养。中职生应在学校活动中注重培养感受美、欣赏美和创造美的能力，具有美的追求、美的品格；还应在情操、意志、体魄等方面进行自我锻炼，培养良好的心理素质，增强应对压力和挫折的能力，善于从逆境中寻找转机等，培养符合职业要求的特有职业体能。

连线职场 》》

年轻就是拼命学习的资本　从什么时候开始都不晚

网上曾有人做过一份针对60岁以上老人的调查：你这一生最后悔的一件事是什么？有75%的人因为自己年轻时不够努力，一事无成，所以感到后悔。年轻的时候，人的身体、精神都处于巅峰状态，如果不在这个时候拼命工作，等到体力、精力都不足以支撑你去拼搏的时候，再后悔，就迟了。

我们常常听到有人说："读这么多书有什么用？能派上用场吗？""拼命工作有什么用？你能比那些富二代更有钱吗？"也许都不能，但不可否认的是，越是月薪高的人，越不会容忍自己懒惰，因为他们知道，只有拼命工作，不断学习，才能永不落伍。

苹果公司现任CEO（首席执行官）蒂姆·库克每天4：30就会起床处理工作邮件，之后是健身。在公司，他往往是第一个到的人。雅虎公司前任CEO梅丽莎·梅耶尔在接受采访时表示，她每天的睡眠时间只有4~6小时。有人问，他们已经成功了，干吗还那么拼？对于这些成功人士而言，拼命早已成了一种习惯，这是提升自己的最好方式，也是让他们成为佼佼者的资本。

奥斯卡最佳男配角奖获得者摩根·弗里曼被人称为"美国最优秀的演员"之一，然而他是到了30岁才第一次出演歌舞剧。虽然大器晚成，但他并没有因为错过了"青春饭"而懊恼。出道以后，他尝试各种不同的角色，从仆人到总统，从囚犯到特工。57岁时，他因出演《肖申克的救赎》而第三次获得奥斯卡奖提名；68岁时，凭借《百万美元宝贝》获得了奥斯卡最佳男配角奖。如今已经80岁的摩根·弗里曼，依然活跃在荧幕上。

你加过的班、读过的书、学过的技能都不会白费，所以奋力拼搏吧，它们默默储存下的力量，会在未来某一个时间出现，帮你渡过难关。

培养职业能力和职业安全等职业素养。中职生应积极配合学校的培养计划，认真完成学习任务，尽可能利用学校的教育资源，包括教师、图书馆等获得知识和技能，加强职业安全意识，学习职业安全相关知识与措施，作为将来职业需要的储备。

连线职场 》》

她从中职学校走向"维密"舞台

2017年12月备受瞩目的维密年度时尚秀在上海拉开帷幕。中职毕业生谢欣首次登上了这个全球时尚界瞩目的T台。

谢欣来自广东茂名的一个普通家庭。2012年，她考入广州某职业学校服装设计专业。在校期间，她学习努力认真，训练用心刻苦。曾代表学校参加了中职学生技能大赛，斩获了广州市一等奖、广东省三等奖和二等奖。实习期后，谢欣进入了广州的一家模特公司，正式踏上专业模特的道路。别人评价她"是一个用心的人"，"对服装特别爱惜，穿脱服装时都生怕留下唇印、损坏衣服"，"是个很懂事的孩子，懂得体贴别人，每次拍完都会主动帮摄影老师收拾器材等"。

自2015年毕业以来，她登上《时尚芭莎》《ELLE》《Vogue》等知名平媒，也走过不少国际品牌T台秀，获得了多个国外模特公司签约，包括纽约The

Lions、伦敦Premier、米兰Monste、巴黎Oui、巴塞罗那Uno、汉堡Modelwerk、慕尼黑Pars等，超模之路愈加通畅。

想一想：中职生谢欣登上全球时尚界瞩目的舞台，你认为良好的职业素养起到了什么作用？

名人名言 》》

　　要把提高职业技能和培养职业精神高度融合，不仅要围绕技术进步、生产方式变革、社会公共服务要求和扶贫攻艰需要，培养大批怀有一技之长的劳动者，而且要让受教育者牢固树立敬业守信、精益求精等职业精神，让千千万万拥有较强动手和服务能力的人才进入劳动大军，使"中国制造"更多走向"优质制造""精品制造"，使中国服务塑造新优势、迈上新台阶。

——李克强

学以致用 》》

　　在所学专业对应的职业群中，你最希望从事哪种职业？你了解这种职业对从业者有哪些方面的要求吗？找一位从事这种职业的人咨询一下，将具体要求整理出来。

自己最希望从事的职业	此职业对从业者的要求
	1.
	2.
	3.
	4.

第四节　综合实践课：我的梦与中国梦

一、活动背景

习近平总书记论"中国梦"。

中国梦，是党的十八大以来，习近平总书记所提出的重要指导思想和重要执政理念，正式提出于2012年11月29日。习总书记把"中国梦"定义为"实现中华民族伟大复兴，就是中华民族近代以来最伟大的梦想"，并且表示这个梦想"一定能实现"。

中国梦的核心目标也可以概括为"两个一百年"的目标，也就是：到2021年中国共产党成立100周年和2049年中华人民共和国成立100周年时，逐步并最终顺利实现中华民族的伟大复兴，具体表现是国家富强、民族振兴、人民幸福，实现途径是走中国特色社会主义道路、坚持中国特色社会主义理论体系、弘扬民族精神、凝聚中国力量，实施手段是政治、经济、文化、社会、生态文明五位一体建设。

二、活动目的

通过丰富多彩的系列活动深刻解读习近平总书记对中国梦的深情阐述，突出立德树人，以党的十九大精神为指导，引导学生珍惜今天的幸福生活，懂得"我的梦"和中国梦的关系，不断增进热爱祖国、热爱人民、热爱中华民族的情感，立志为实现国家富强、民族振兴、人民幸福的伟大中国梦而发奋学习、不懈奋斗、成长成才。

三、活动内容

（一）思考中国梦

中华民族的昨天，可以说是"雄关漫道真如铁"；中华民族的今天，正可谓"人间正道是沧桑"；中华民族的明天，可以说是"长风破浪会有时"。现在，我们比历史上任何时期都更接近中华民族伟大复兴的目标，比历史上任何时期都更有信心、有能力实现这个目标。

————2012年11月29日，习近平在参观《复兴之路》展览时的讲话

中国梦归根到底是人民的梦，必须紧紧依靠人民来实现，必须不断为人民造福。

————2013年3月17日，习近平在第十二届全国人民代表大会第一次会议上的讲话

1. 全班分成若干小组，以小组为单位，各组成员分别讲述自己对中国梦的理解。

2. 在小组讨论的基础上，每组推荐一名代表向全班同学讲述。

（二）畅谈中国梦

中国梦是国家梦、民族梦，也是每个中华儿女的梦。广大海外侨胞有着赤忱的爱国情怀、雄厚的经济实力、丰富的智力资源、广泛的商业人脉，是实现中国梦的重要力量。只要海内外中华儿女紧密团结起来，有力出力，有智出智，团结一心奋斗，就一定能够汇聚起实现梦想的强大力量。

——2014年6月6日，习近平在会见第七届世界华侨华人社团联谊大会代表时的讲话

演讲比赛：以班级为单位，组织"我的中国梦"演讲比赛，通过讴歌道德模范、科技创新等典型人物和典型事迹，感受梦想这种强大的力量，强化对自身责任和使命的认识。

（三）放飞中国梦

生活在我们伟大祖国和伟大时代的中国人民，共同享有人生出彩的机会，共同享有梦想成真的机会，共同享有同祖国和时代一起成长与进步的机会。有梦想，有机会，有奋斗，一切美好的东西都能够创造出来。

——2013年3月17日，习近平在第十二届全国人民代表大会第一次会议上的讲话

千里之行，始于足下。我们国家的发展前景十分光明，但道路不可能一帆风顺，蓝图不可能一蹴而就，梦想不可能一夜成真。人间万事出艰辛。越是美好的未来，越需要我们付出艰辛努力。真抓才能攻坚克难，实干才能梦想成真。

——2013年4月28日，习近平在同全国劳动模范代表座谈时的讲话

1. 读书教育活动：开展"中国梦"读书教育活动，将读书中的感悟记录下来，张贴在班级宣传栏里。

2. 以班级为单位，开展"放飞中国梦"寄语征集活动，通过抒发梦想，展示梦想，唱响中国梦。将征集的寄语张贴在班级宣传栏里。

（四）践行中国梦

展望未来，我国青年一代必将大有可为，也必将大有作为。这是"长江后浪推前浪"的历史规律，也是"一代更比一代强"的青春责任。广大青年要勇敢肩负起时代赋予的重任，志存高远，脚踏实地，努力在实现中华民族伟大复兴的中国梦的生动实践中放飞青春梦想。

——2013年5月4日，习近平在同各界优秀青年代表座谈时的讲话

1. 积极参与各种社会实践活动，开展参与式观察和服务式体验，以实际行动践行中国梦。

2. 举办学唱"中国梦"主题歌活动，使中国梦深入内心，争当优秀中职生，传播正能量。

3. 班级大讨论：你认为中职生在实现"我的中国梦"的征途上应该怎样做，才能将个人的规划梦与中国梦融为一体？

附 录

职业生涯规划获奖作品赏析（一）

我的列车长梦

听着黄渤的《我的要求不算高》这首脍炙人口的歌曲，我对自己的未来展开了丰富的想象。我的梦，中国梦。中国梦是实现中华民族的伟大复兴，是让每一个人都有出彩的机会。打开心门，放飞梦想，规划生涯，实现自我，是我做这份职业生涯规划的初衷。初中的我，对未来有着不切实际的幻想，理想也总是变来变去，中考的失利，又使我一度迷失了方向。进入职业学校以后，学校为我们配备了专门的企业、职业和学校导师，带领我们进行了职业个性测试，在心理和职业生涯规划方面给予具体的指导，并进行了不同专题的生涯探索以及丰富的实践活动。慢慢地，在导师的指导下，我了解了自己，了解了专业优势，找到了前进的方向，踏上了自我探索的旅程。

我个性中的优势

我的性格优势：

◆ 热情大方　　　　◆ 心理素质好　　　　◆ 吃苦耐劳

◆ 活泼开朗　　　　◆ 忠厚老实　　　　◆ 注重团队精神

我的兴趣优势：

◆ 对人和新的事物都充满兴趣，更重视眼前该做的事情

◆ 热爱生活，适应性强且随遇而安，喜欢表现自己，能给他人带来快乐和惊喜，有魅力和说服力，热情友好，很容易相处

◆ 善于交朋友，喜欢与形形色色的人打交道，乐于助人

◆ 善于通过事物表面看本质

◆ 喜欢看书，喜欢参加公益活动，乐于帮助老人

◆ 喜欢追求新的事物

我的能力优势：

◆ 善于与他人沟通　　　　　　◆ 管理能力强

◆ 有较强的号召能力　　　　　◆ 语言表达能力强

我个性中的劣势

● 缺乏足够的耐心　　　　　　● 工作能力尚需提高

● 有点情绪化　　　　　　　　● 创新能力欠缺

● 有时表现过于强势　　　　　● 缺乏主动交往的能力

● 容易冲动　　　　　　　　　● 考虑问题尚不够全面

我的职业个性测评

职业兴趣　　经过霍兰德职业兴趣测试，我的职业兴趣属于社会型和艺术型。喜欢与人交往；善言谈、愿意教导别人；渴望发挥自己的社会作用；比较看重社会义务和社会道德；渴望表现自己的个性，实现自身的价值，做事追求完美。

职业性格　　根据职业性格测试，我的职业性格属于自我表现型和变化型。喜欢表现自己，并根据自己的感情做出选择；在新的或意外的工作环境中感到愉快，在有压力的情况下工作出色，善于转移注意力。

职业能力　　根据自我及他人的评价，我的学习能力、语言表达能力、社会交往能力较强；数学运算能力、逻辑推理能力、空间判断能力较差。

职业价值取向　我希望从工作中获得成就感；关注自己的成长；对于具有挑战性、刺激性的问题，可以运用我的方法、我的能力来化解一切；享受追求职业生活中的欢乐感。

自我认知小结 〉〉〉

　　以上的自我认知是通过自我觉察、师生评价、家长评价、职业测评方式获得的，通过对自身优势和劣势的分析，我更加全面了解了自己的性格、兴趣和能力，知道了"我眼中的我"和"别人眼中的我"的个性形象。另外，在导师课堂上，我又做了职业个性的专题测试，科学有效地评估了自己的职业个性。

我的外部机遇

学校环境分析：

　　"做人比做事更重要，成长比薪水更重要，成才比职位更重要"是学校的教育理念。学校定期开展职业技能大赛，检验我们的专业水平。学校一直与企业合作，成立企业大讲堂，聘请企业专家做学校的客座教授，定期开展与专业相关的专题讲座，引导我们用实践活动来提高自我实践能力。

行业环境分析：

　　中国高铁的诞生，不仅增加了人们的旅游半径，也加快了人们的生活节奏。自2008年中国第一条高速铁路开通运营以来，高铁不断发展，凭借其方便快捷、安全可靠、绿色环保、平稳舒适的特点越来越受到国人的喜欢，成为国人探亲访友、旅游度假、工作出差的首选交通工具，高铁渐成铁路客运主流。近年来我国开展的"高铁外交"，更是助推了该行业的技术性和服务业的发展。现在，中国高铁凭着"世界第一"的极速，成为中国新的四大发明之一。这一行业的迅猛发展，将为旅游服务业插上腾飞的翅膀，也需要大量的高素质技术服务型人才。因此，从国家大背景来看，我所学的旅游服务专业有巨大的发展前景。

就业发展现状：

学校开辟的优质就业项目之一：动车和高铁乘务员

项目要点：1. 直接与铁路系统签约，就业有保障；2. 劳动强度小，工作时间短；3. 工资福利好，月收入2500元以上；4. 可考列车长，发展空间大。

学校开辟的优质就业项目之二：豪华游轮

项目要点：1. 工作环境好；2. 薪酬待遇高；3. 作为年轻人，可开阔视野，增长才干。

学校开辟的优质就业项目之三：澳门酒店、DFS免税店

项目要点：

1. 能够在世界上最安全的城市之一——澳门工作，并有专门的管理公司统一管理；

2. 薪酬待遇高，月薪9000澳币起（约合人民币7000元），另有销售提成、住宿津贴、膳食补助等；

3. 工作环境好，澳门永利酒店、银河酒店、英皇娱乐酒店都属超五星级酒店，或在DFS免税店从事销售工作。

自我认知小结 》》

通过对家庭、学校、社会和职业环境的分析，我清楚地认识到了当前所面对的整个大环境，有家人的肯定、学校的优秀、社会的安定繁荣和所从事行业的潜力，加上自己不怕吃苦、坚持不懈的战斗力，我相信自己一定能在未来发展上百战不殆。

我的阶梯目标

成立自己的小店
2025—

列车长
2022—2025

优秀动车员
2018—2022

学生时代
2015-2018

（如果因年龄原因，不能继续从事列车长的工作，我会调整目标，自己开一家鲜花店，做两手准备。）

我的步步为营

高一阶段目标	具体措施
1. 大赛获奖	参加模拟导游、列车乘务员、航空服务技能项目的校级和市级比赛。
2. 学习积淀	认真听课，合理安排课余时间，认真对待与专业相关的技能等级考试。
3. 培养兴趣	多看书看报，培养广泛兴趣，学习插花、茶艺。
4. 调适性格	增强性格的稳定程度，多看书，上课积极发言，提高语言能力，并通过练习插花、茶艺提高自己的耐心。
5. 提高能力	参加班干部和学生会竞选，在班级里承担一些事务，为同学服务；假期融入社会打工，锻炼自己，提高行动力。
6. 参加社团	参加学校的生涯导航社团活动，承担在全校的讲演任务之一。
高二阶段目标	**践行措施**
1. 实践能力	多参加实践活动，提高组织能力，努力成为校级乃至市级的优秀班干部、优秀团员。
2. 考取证书	努力考取普通话、计算机等技能证书；考取导游证、急救证、乘务员上岗证等职业资格证书。
3. 成人高考	努力学习，掌握知识，参加秋季成人高考，争取获得学校与青岛科技大学联合办学的大中专套读的资格，利用业余时间完成大专的学历，获得大学文凭，以备将来进修、晋升之需。
高三阶段目标	**对应措施**
1. 成为优秀毕业生，争取理想岗位	成为优秀毕业生，并在工作实践中努力工作，踏实工作，坚持工作，得到领导认可，努力提高职业素养。
2. 端正工作态度，积极适应岗位	对待工作要勤勤恳恳，处理好与同事之间的关系，虚心向长辈、师傅请教，遇到问题不急躁，多和导师沟通，希望在导师的指导下，顺利度过职业适应期。
3. 继续调适性格，培养能力，历练自我	由于我的职业需要热情开朗的人，所以我要多与人沟通，使自己的性格外向自然一些；以前见习的时候，知道乘务员工作的辛苦，但我喜欢与许多的人打交道，所以我会继续化辛苦为甘甜，品尝被人肯定、为人服务的快乐。

初涉职场

努力成为第一批优秀毕业生。虚心向老同志学习，争取分配到餐饮部工作，认真工作，肯吃苦，得到领导们的认可。多学习知识完善自我，课余时间继续坚持研究茶艺。牢记顾客是"上帝"，虚心倾听顾客的服务要求，热情为他们服务，诚恳帮助他们解决问题。遇到问题时要沉着冷静地面对，遇到解决不了的问题时向上级汇报。坚守一个信念：干一行，爱一行！

融入职场

刚踏上工作岗位，所要学的知识很多，要虚心向长辈请教，学习他们的服务态度、工作经验以及解决问题的方法，作为新人的我要学会勤奋谦虚，处理好与同事和领导之间的关系。在工作过程中要学会察言观色，每个人的生活习惯、脾气性格都不同，要学会在这些形形色色的人际关系中处理得游刃有余，不要在工作期间偷懒，踏踏实实走好每一步，做到一步一个脚印。打扫好车间卫生，为客人创造舒适的环境，微笑面对乘客，耐心热情对待乘客。对于刁蛮的旅客，要晓之以理、动之以情，不给旅客难堪，不断学习与人交往的方法。

赢在职场

已经积累一些工作经验后，仍要不断学习，把握进步机会，更加努力工作，为师弟师妹们做好榜样。注重提高自我创新能力，做好自我，完善自我，用自身良好的修养和表现赢得自我！

立志创业（调适规划，两手准备）

积累一些经济资本之后，自己的年龄也慢慢大了。如果列车员的晋升通道不顺畅，我想自己创业，开一家属于自己的鲜花店。一是因为鲜花店需要的成本较低，不限地点，市场需求量大，比较容易经营。二是可以发挥自己在插花、茶艺方面的特长，使自己的生活充满鲜花和茶韵，为顾客提供鲜花服务，满足顾客之需。三是我的爷爷奶奶现今在青岛农村，家里有2亩地，可以提供培育鲜花的土壤基础，再说爸爸妈妈一直有利用那块土地的想法。

如果有可能，在不同的地方，将来开分店，做到一切为顾客着想。

还有就是学会享受人生，多运动。生命是革命的本钱，要有良好的身体、健康的体魄。没事可以去旅游，放松放松心情！

> 理想之火又一次在心中燃烧，规划的梦做完了，为规划重新插上翅膀。我要做的就是放飞梦想，牵着梦想的线，让梦想越飞越高！

作品说明

党的十九大报告指出：我们不能因现实复杂而放弃梦想，不能因理想遥远而放弃追求。所以，尽管当今社会存在着诸多浮躁或突变，但在作者的规划观念中，辩证地看待自己的职业个性和所处环境，既不盲目乐观，也不意志消沉，是作者一直的坚守。所以，她对自己的分析辩证客观，尤其是对所处环境的机遇认识清醒到位，而规划就是要试着把握机遇。她的职业目标的确立征求了家长、班主任、导师和优秀乘务员师姐的建议和意见，而且制订的措施有多人监督实施，并有导师定期指导。

她的调适目标定为开一家鲜花店，这也是她和父母共同的心愿，会得到家人的大力支持，同时也可发挥自己在校学习的插花、茶艺特长。

该作品有三大特色：

1. 对自己每一个阶段的认识都辩证客观，符合自身实际；

2. 制订的措施分类详细，涵盖了学习知识、性格调适、兴趣培养、能力提高、参加社团、社会实践等方面的工作，可操作性强；

3. 如果因年龄原因，不能继续从事列车长的工作，作者会调适目标，自己开一家鲜花店，已做好两手准备，切实可行，将个人梦有机地融入了中国梦。

【指导教师　赵思华】

第二章

知己知彼　赢得先机

《孙子兵法》云："知彼知己，百战不殆。" 职业生涯规划先要从认识自我开始。一个人应该能够全面恰当地认识自己，对自我有一个实事求是、恰如其分的评价，以此来选择与自己的个性特点相适应的工作，才能发挥自己的潜能，实现自我价值。

人的发展离不开自己的环境。在世界新技术革命的浪潮中，中国逆势而进，不断展示出令世人惊叹的成绩，由追赶到并行再到领跑，逐渐实现三级跳的大跨越。因此，习近平总书记在党的十九大报告中对中国发展的历史方位作出新判断——中国特色社会主义进入了新时代。这为我们的职业生涯发展提供了源源不断的机遇和新的挑战。

本模块将帮助同学们科学客观地测评自己的兴趣、性格、能力、价值观；通过分析国家及区域经济发展、行业发展趋势以及个体环境等的特点，理性看待自己所处的外部环境；通过利用一种功能强大的SWOT工具进行自我分析，全面权衡自己的优势、劣势、机遇与挑战。希望同学们抓住这个"大众创业、万众创新"的时代机遇，坚定理想信念，志存高远，脚踏实地，勇做时代的弄潮儿，赢得职业生涯发展的先机。

第一节 职业个性需调适

成长的足迹：

来到了职业学校的王青，每天生活得充实而快乐。职业生涯规划课的学习和探索，让王青深入了解了自己所学的专业及以后的发展方向，使迷惑中的他有了豁然开朗的感觉，有了对自己的职业生涯进行规划的愿望，学习更有劲头了。可是真正要规划的时候，王青又感到困惑了。职业生涯规划应该从哪里起步？自己所学专业对应的职业群，是否适合自己的个性特点？自己的职业个性特点又适合从事哪些工作？ 为了今后能够逐步做到"人职匹配"，现在需要开始对自己的个性做哪些调适呢？

连线职场 》》

在一次工商界的聚会上，几个老板大谈自己的经营心得。其中一个老板说："我有三个能力还行但毛病很多的员工，我准备找机会炒他们鱿鱼。"另一个老板问："他们有什么毛病？""一个整天嫌这嫌那，专门吹毛求疵；另一个杞人忧天，老是害怕工厂有事；还有一个喜欢摸鱼，整天在外面闲荡鬼混。"第二个老板想了想，说："这样吧，把这三个人让给我吧。"

第二天，这三个"有毛病"的员工到新公司报到，新老板给他们分配了工作：那个喜欢吹毛求疵的人，负责公司产品质量的管理；那个害怕出事的人，负责安全保卫及保安系统的管理；那个喜欢摸鱼的人，负责商品宣传，整天在外面跑。

这三个员工一听分配的职务，非常高兴，兴冲冲地上任去了。过了一段时间，因为三个人的卖力工作，公司的经营业绩直线上升。

无论企业还是个人，都要想方设法找到自己的优势，而且时时刻刻都要清楚自己的优势所在。成功心理学的创始人之一唐纳德·克里夫顿说："在成功心理学者看来，判断一个人是否成功，最主要的是看他能否最大限度地发挥了自己的优势。"

世界上没有最好的职业，只有最适合的职业。适合自己的就是最好的。同学们，你们目前选择了职业教育，开始了一种专业的学习，在一定程度上就相当于选择了未来职业发展的一个方向。霍兰德人职匹配理论认为，人的人格类型、兴趣与职业密切相关，每个人都有自己独特的能力模式和个性特征，每种人格类型的人都可以找到适合自己的职业，当个人的个性特征及兴趣与职业相符时，可以调动员工的工作热情、激发员工的潜力，并能提高员工的工作满意度。如果匹配得好，则个人的个性特征与职业环境协调一致，工作效率和职业成功的可能性就大为提高；反之，则工作效率和职业成功的可能性就很低。因此，对组织和个体来说，进行恰当的人职匹配具有非常重要的意义。而进行人职匹配的前提之一是必须对人的个性特征有充分的了解和掌握，这就需要全面认识自己。

知识卡片

人职匹配理论

人职匹配理论即关于人的个性特征与职业性质一致的理论，是现代人才测评的理论基础。人职匹配的基本原理是：不同个体有不同的个性特征，而每一种职业由于其工作性质、工作环境、工作条件、工作方式不同，对工作者的能力、知识、技能、性格、气质、心理素质等也有不同的要求，所以，在进行职业决策时，应选择与自己的个性特征相适应的职业。

一、兴趣是最好的老师

兴趣又称兴致，是对事物喜好或关切的情绪。心理学认为，兴趣是人们力求认识某种事物和从事某项活动的意识倾向。这种倾向带有稳定、主动、持久等特征。它表现为人们对某种事物、某项活动的选择性态度和积极的情绪反应。

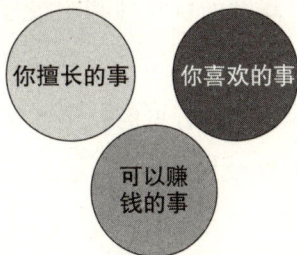

知识卡片

你擅长的事　你喜欢的事

可以赚钱的事

兴趣的三环理论

人生故事 >>>

2009年，戴威进入北京大学光华管理学院金融系读本科。他在北大加入的第一个社团就是北京大学自行车协会，由此就热爱上了骑行这项运动。

2013年毕业的戴威去青海省大通县东峡镇支教数学。东峡镇地处偏远山区，小镇与县城之间的山路崎岖。一辆山地车就解决了这个问题——既帮助他在每个周末往返于县城与小镇，也陪伴他看遍了青海的壮丽河山。他被骑行的这种魅力所折服，"我觉得骑行是一种最好的了解世界的方式"。

后来，戴威成为一名重度骑行爱好者。结束支教之后，他回到北大攻读经济学硕士。他和朋友要酝酿一份"自行车的事业"，自行车共享模式开始进入他的视野。在无亲朋支持的情况下，戴威与4名合伙人共同创办了ofo小黄车，致力于解决大学校园的出行问题。2015年5月，超过2000辆共享单车出现在北大校园中。

想一想：戴威创办共享单车的动力是什么？如果你也对此感兴趣，你认为共享单车在今后的运营规则方面应该做哪些改进？

职业兴趣就是一个人对某种专业或职业活动的喜爱程度。职业兴趣在职业活动中起着重要的作用。如果一个人对某种工作产生兴趣，在工作中就会具有高度的自觉性和积极性，更容易做出成绩。反之，则会影响积极性的发挥，有可能一事无成。爱因斯坦曾经说过："兴趣是最好的老师。"

> 成功的秘诀在于兴趣。
> ——杨振宁

知识卡片

霍兰德职业兴趣岛

同学们，我们一起来参观一下6个神奇的职业兴趣岛吧。

R岛

自然原始的岛屿。岛上自然生态保持得很好，有各种野生动物。居民以手工见长，自己种植花果蔬菜、修缮房屋、打造器物、制作工具，喜欢户外运动。

I岛

深思冥想的岛屿。有多处天文馆、科技馆及图书馆。居民喜好观察、学习，崇尚和追求真知，常有机会和来自各地的哲学家、科学家、心理学家等交换心得。

A岛

美丽浪漫的岛屿。有许多美术馆、音乐厅、街头雕塑和街边艺人，弥漫着浓厚的艺术文化气息。居民保留了传统的舞蹈、音乐与绘画，许多文艺界的朋友都喜欢来这里寻找灵感。

我会选择哪个岛？

C岛

现代、井然的岛屿。岛上建筑十分现代化，是进步的都市形态，以完善的户政管理、地政管理、金融管理见长。居民个性冷静保守，处事有条不紊，善于组织规划，细心高效。

E岛

显赫富庶的岛屿。居民善于企业经营和贸易，能言善道。经济高度发展，处处是高级饭店、俱乐部、高尔夫球场。来往者多是企业家、经理人、政治家、律师等。

S岛

友善亲切的岛屿。居民个性温和、友善、乐于助人，每个社区均自成一个密切互动的服务网络，人们重视互助合作，重视教育，关怀他人，充满人文气息。

请同学们用15秒时间回答以下问题：

1. 如果你必须在6个岛之中的一个岛上生活很长时间，成为这个岛上的居民中的一员，你第一会选择哪一个岛？

2. 你第二会选择哪一个岛？

3. 你第三会选择哪一个岛？

4. 你打死都不愿意选择哪一个岛？

选好之后，依次记下4个问题的答案。

A岛——艺术型（Artistic）

总体特征：属于理想主义者，具有独创的思维方式和丰富的想象力，直觉强烈，感情丰富。

喜欢活动：喜欢创造和自我表达类型的活动，如音乐、美术、写作、戏剧。

喜欢职业：总体来讲，喜欢"非精细管理的创意"类和创造类的工作，如音乐家、作曲家、乐队指挥、美术家、漫画家、作家、诗人、舞蹈家、演员、戏剧导演、广告设计师、室内装潢设计师。

C岛——常规型（Conventional）

总体特征：追求秩序感，自我控制，顺从，防卫心理强，追求实际，回避创造性活动。

喜欢活动：喜欢固定的、有秩序的活动，如组织和处理数据等；愿意在一个大的机构中处于从属地位，并希望确切知道工作的要求和标准。

喜欢职业：总体来讲，喜欢有清楚的规范和要求、按部就班、精打细算、追求效率的工作，如税务专家、会计师、银行出纳、簿记、行政助理、秘书、档案文书、计算机操作员。

E岛——企业型（Enterprising）

总体特征：为人乐观，喜欢冒险，行事冲动，对自己充满自信，精力旺盛，喜好发表意见和见解。

喜欢活动：喜欢领导和影响别人，或为达到个人或组织的目的而说服别人，成就一番事业。

喜欢职业：总体来讲，喜欢那种需要运用领导能力、人际交往能力、说服能力来达成组织目标的职业，如商业管理者、市场或销售经理、营销人员、采购员、投资商、电视制片人、保险代理、政治运动领袖、公关人员、律师。

I岛——研究型（Investigative）

总体特征：自主独立，好奇心强烈，敏感且慎重，重视分析与内省，爱好抽象推理等智力活动。

喜欢活动：喜欢独立开展的活动，比如独自去探索、研究、理解、思考那些需要严谨分析的抽象问题，独自处理一些信息、观点及理论。

喜欢职业：总体来讲，喜欢以观察、学习、探索、分析、评估或解决问题为主要内容的工作，如实验室工作人员、物理学家、化学家、生物学家、工程师、程序设计员、社会学家。

R岛——实用型（Realistic）

总体特征：个性平和稳重，看重物质，追求实际效果，喜欢实际动手进行操作实践。

喜欢活动：愿意从事事务性活动，如户外劳作或操作机器，而不喜欢待在办公室里。

喜欢职业：总体来讲，喜欢与户外、动植物、实物、工具、机器打交道的工作内容，如农业、林业、渔业、野外生活管理业、制造业、机械业、技术贸易业、特种工程师、军事工作。

S岛——社会型（Social）

总体特征：洞察力强，乐于助人，善于合作，重视友谊，热情关心他人的幸福，有强烈的社会责任感，总是关心自己的工作能对他人及社会做多大贡献。

喜欢活动：喜欢与别人合作的活动，帮助别人解决困难。

喜欢职业：总体来讲，喜欢帮助、支持、教导类工作，如心理咨询师、社会工作者、教师、辅导员、医护人员及其他各种服务性行业人员。

霍兰德兴趣岛测试完毕，同学们发现自己对什么职业最感兴趣了吗？你的兴趣和所学专业对应的职业兴趣是否一致？如果在所学专业对应的职业群中没找到自己感兴趣的职业，该怎么办？如何让兴趣和职业逐步匹配呢？

1. 要将自己的优势潜能发展为职业兴趣

"兴趣"是人的发展中最重要的动力之一。如果缺乏兴趣——动力的来源，很可能出现的情况就是缺乏足够的竞争力，或者在面临困境和压力时难以坚持下去。

职业生涯规划中一个最重要的原则就是：可持续发展，其中搞清楚自己的兴趣所在，做自己想要的和喜欢的工作，是非常关键的一个环节。

人生故事 >>

2004年，蔚丹、蔚青这对双胞胎姐妹闲来无事，在某论坛上以"呛口小辣椒"为名发布了一条讲述穿衣搭配的帖子。为了更真实地体现搭配效果，姐妹俩发布了自己的照片。没想到这种独到的时装搭配受到许多网友关注，两人就此走红。两人发布的帖子，每条的点击量

都在100万人次以上。"小辣椒同款××"到现在还是淘宝上经常出现的热搜词之一，以至于经常出现卖断货的现象。从简单分享穿搭到跻身知名博主之列，再到拓宽疆土与品牌深入合作、创建个人品牌，"小辣椒"表示踏实做自己喜欢的事情是最舒服的生活方式，"最好的机遇是跟随自己的真实想法"。

想一想：你如何理解"最好的机遇是跟随自己的真实想法"？

2. 要在履行责任中培养兴趣

"我讨厌这份工作，它和我的兴趣相差太远了。"……在工作中，我们可能会有类似的抱怨。毫无疑问，能够从事自己喜欢的工作的人是幸运的。但事实上，大多数人因为各种各样的原因，都无法真正从事自己感兴趣的工作。但这难道就可以成为我们随随便便应付工作、不为自己的成长负责和努力的理由吗？

连线职场 》》

美国著名心理学博士艾尔森曾对世界100名各领域的杰出人士做了研究，结果发现，60%以上的成功人士所从事的职业都不是他们最喜欢的，也不是他们心目中最理想的。但为什么他们能够取得成功呢？艾尔森博士讲了一个故事。苏珊出生在台北，从小爱好音乐，她的理想就是能够在音乐界发展。然而阴差阳错，她大学读的是工商管理系，毕业后又被保送到美国麻省理工学院攻读MBA（工商管理硕士）学位，还拿到了经济管理专业的博士学位。毕业后，她到了美国一家证券公司上班。如今，苏珊在业界已经成为风云人物。但她依然心存遗憾，说："至今，我仍说不上喜欢自己所从事的工作，如果能够重新选择，我会毫不犹豫地选择音乐。然而，那只是一个梦想，我现在能做的，只有把手头的工作做好。"艾尔森博士问她："你喜欢的是音乐，为何你在经济管理方面学得那么棒？不喜欢眼下的工作，为何你能做得那么成功？"苏珊回答说："因为我在这个位置上，我必须认真对待，对它尽职尽责。那是对工作负责，也是对自己负责。"

这些成功人士所从事的工作，大多并非自己的兴趣所在，而自己又无法改变这些，但心中的责任感，使他们最终没有抱怨、消极、懈怠。的确，兴趣重要，责任更重要。

从职业生涯规划的角度，我们认为，当一个人能够做到兴趣和责任两条腿走路的时候，持久发展的可能性会更大。

有一说一 》》

《绝对挑战》有一期节目，是阿里巴巴旗下的淘宝网招聘商务谈判经理，马云先生问了求职者一个问题："如果你感兴趣的事情，你的上司偏不让你做，而你不感兴趣的事情，上司偏让你做，这时候，你会怎么办？"

说一说：如果你是求职者，你会如何回答马云的这个问题？

3. 要在专业的学习中培养职业兴趣

一方面，同学们刚刚接触所学专业，对专业的内涵不太了解，而每一种专业都有其社会意义和丰富价值，只有通过系统的学习，才能领悟专业的魅力，形成因了解而热爱的状态。另一方面，如果一个人在专业方面学有所长，就会获得相应的肯定和激励，这种因成就而喜欢的局面也更容易培养对所学专业的职业兴趣。同学们，除了"选你所爱"，也需要"爱你所选"，对于自己的专业和以后从事的工作，应进行深入的了解和学习，培养相应的兴趣。

4. 要认识到兴趣和职业的匹配是一个渐进而艰难的过程

成功的人都会讲自己是如何对自己的工作感兴趣的，但是在成功的道路上，更多的时候很难做到兴趣和职业的匹配。比如：你喜欢自由，但是职业会有很多约束；你喜欢管理，但是经常被别人管；你喜欢创意，但是经常要循规蹈矩。

在多年摸索的道路上，我们必须明白这样一个事实，那就是：兴趣是可以培养的，兴趣也是可以管理的。有的时候，可以放弃一种旧兴趣来焕发一种新兴趣；可以推后一个强兴趣而提前一个弱兴趣；还可以让部分兴趣"远离职业"，放在休闲中加以满足。

学以致用 》》

请同学们通过网络搜索、查阅资料等途径，完成霍兰德职业兴趣测评，并根据测评结果完成以下问题。

我的职业兴趣类型	
我的职业兴趣是否与所学专业相适应？	
如何处理兴趣与专业及工作之间的关系？	
为了培养自己的兴趣，我可以做哪些努力？	

《职业生涯规划书》节选：我的职业兴趣测试与分析

通过霍兰德职业兴趣测试，确定我的职业兴趣类型为艺术型。该类型喜欢自我表达，有很强的自我表现欲；喜欢以各种艺术形式的创作来表现自己的才能，实现自身价值；想象力丰富，创造力强，喜欢凭直觉做出判断；感情丰富，容易冲动；不喜欢按部就班地做事，不喜欢重复性的工作。

非常幸运，我的职业兴趣非常符合我梦想的职业的要求，但是这类职业兴趣也会对我的职业晋升造成影响，比如容易出现职业倦怠、对人际交往不利等。因此，我会在今后的学习生活中，通过阅读书籍、学习榜样、实践磨炼、请教老师等多方面的途径，拓展我的职业兴趣，扬长补短，为职业的不断提升打下基础。

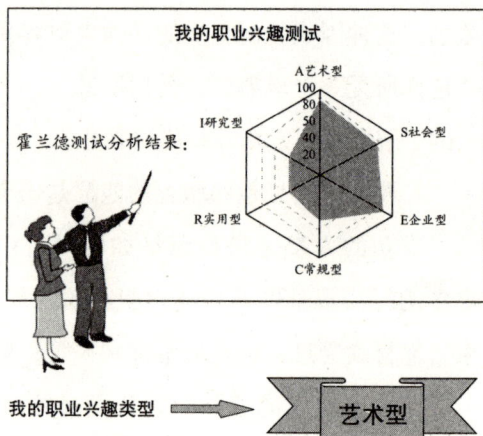

——家居设计专业　张倩

二、性格主宰命运

人生故事 》》

高松是某职业学校设计专业的学生。刚进校时，高松一心想好好学习，有个崭新的开始。可随着学习的深入，面对繁重的学习任务，高松有点退缩了。每天要长时间反复地临摹素描，尤其是一些设计构造类的课程需要动脑思考，高松有点厌烦了。在担任班干部期间，工作有时丢三落四，简单粗暴，自我约束能力差，偶尔还会与同学发生口角，被同学们称为"大爆竹"。

想一想：你的身边有这样的同学吗？你会给他什么建议？

性格是指表现在人对现实的态度和相应的行为方式中的比较稳定的具有核心意义的个性心理特征，是一种与社会相关最密切的人格特征。性格表现了人们对现实和周围世界的态度，并表现在他的行为举止中。

优良性格是人的理想、信念和道德的基础，积极开朗、勤劳善良、正直诚实、情趣高尚、富有同情心的人才会有理想和追求；优良性格是事业成功的保证，不怕困

> 播种行为，收获习惯；播种习惯，收获性格；播种性格，收获命运。
>
> ——印度谚语

难、一往无前、勇于创造、敢于挑战、乐于奉献的人才会赢得事业的春天；优良性格是人生创造的主要条件，是智能发展的强大动力。一个人只有具有优良的性格，才能在正常的人生轨迹上实现一次次的跨越。由此可见，一个具有优良性格的人才能获得幸福的人生。

知识卡片

乐嘉的性格色彩测试主要通过选择题目的形式，对受测者的性格特点进行统计归纳，并用红、黄、蓝、绿四种颜色对受测者的性格进行明确区分。红色代表行动者，黄

色代表领导者，蓝色代表思想者，绿色代表和平者。该测试的解释内容除了紧密结合受测者的选择倾向，对性格的积极方面做客观的解读和肯定，对消极方面的评定也采用了非评价性语言，是比较适合中职生特点的性格测试。希望同学们通过网络测试，全面了解自己的性格类型。

职业性格是人们在长期特定的职业生活中所形成的与职业相联系的比较稳定的心理特征。不同的性格对职业生涯的发展有不同的影响，同样，不同的职业也要求从业者具有与之相适应的职业性格。

连线职场 》》

小斌的父母看到汽车已经进入到普通百姓家庭，认为学汽车修理将来不愁找不到工作。口才好、爱交际的小斌，拗不过父母，只好学了汽车运用与维修专业。虽然他很下功夫，但总觉得汽车构造、汽车故障排除之类的课过于枯燥。当知道学修汽车的人如果学会推销往往能取得更好的业绩时，他高兴极了，决定今后向汽车营销方面发展。他不但对那些原本枯燥的课产生了兴趣，还想方设法把这些知识与汽车销售联系起来，并选学营销方面的知识。毕业后，小斌找到一份汽车销售工作，到处跑，到处谈，性格优势得到充分发挥，成为公司的业务骨干。

把择业面拓宽一点，将自己的性格与所学专业联系起来，就会有"山重水复疑无路，柳暗花明又一村"的感受，有可能发现既专业对口又符合自己性格的职业。

技能重要，而适应职业需要的性格对职业生涯发展更重要。在未来，终身只从事一份职业的可能性越来越小了，这就要求你不仅要选择适合自己个性的工作，更要善于调适自己的性格，主动适应岗位变化的需要。能主动按职业需要调适自己性格的人，职业生涯发展的机会就会更多。

> 尽管人们把性格看成是先天的，但它仍旧是自我修养的结果。我们不可能生下来就固定了某种性格。可近、可亲、富有魅力的性格是靠自己慢慢培养起来的。
>
> ——牛顿

虽然"江山易改，本性难移"，但人的性格是可以变化的。调适性格的方法，可从以下几个方面努力。

1. 观念引领

每个人都希望在社会生活中有所成就，实现自身价值。一位心理学大师曾说：心理变，态度亦变；态度变，行为亦变；行为变，习惯亦变；习惯变，人格亦变；人格变，命运亦变。如此，性格的重要性可见一斑。因此，调适性格首先要认识到性格的重要性，树立我要调整的观念。

2. 素养奠基

性格会影响人的素质的形成与发展，性格也会成为素质的一部分。所以，性格的调适，要以提高素养为基础。

人生故事 》》

本杰明·富兰克林是18世纪美国最伟大的科学家，是美国的开国元勋。作为有17个孩子的小商人家庭中的第15个孩子，他从小就觉得很卑微。但是他为自己制订了10条人生准则，成就了他的一生伟业。

1. 节制：食不可过饱，饮不得过量。

2. 缄默：避免无聊闲扯，言谈必须对人有益。

3. 秩序：生活物品要放置有序，工作时间要合理安排。

4. **决心**：该做的事就下定决心去做，决心做的事应坚持不懈。

5. **节俭**：不得浪费，任何花费都要有益，不论是于人于己。

6. **勤勉**：不浪费时间，每时每刻做些有用的事，避免一切不必要的行动。

7. **真诚**：不损害他人，不使用欺骗手段。考虑事情要公平合理，说话要依据真实情况。

8. **公正**：不做不利于人的事，不要忘记履行对人有益的应尽的义务。

9. **中庸**：避免任何极端倾向，别人若给你自己应得的处罚，你当容忍之。

10. **洁净**：身体、衣着和居所要力求清洁。

每个人应该都有自己的缺点和不足，本杰明·富兰克林采用的方式是列出自己想要改正的缺点（以上10条），然后在一个星期内集中整改其中的一个，当他掌握了这个美德以后，就开始整改另外一个，这样下去，可以在十个星期内完成一次整个的过程，一年可以循环五次。就这样循环进行下去，直到这些美德变成习惯。

想一想：本杰明·富兰克林的人生准则对你有什么启示？尝试订立你自己的人生准则，并进行实践。

3. 学习榜样

榜样的力量是无穷的。各种各样的榜样，如镜子一样，释放出无形的感染力，引导着我们见贤思齐、坚定信念。在性格调适的过程中，要充分寻找身边的榜样，用鲜活的榜样来引导自己、感染自己。

学以致用 〉〉

采访身边的职场成功人士，了解他们在岗位实践中是如何调适甚至重塑职业性格的，并说说对你有什么启发。

4. 实践磨炼

社会实践是完善性格的一个重要途径。只有通过社会实践，我们才有可能发现自己的性格与所从事的职业之间的差距，有的放矢地对自己的性格进行调适。许多从事同一职业的人都有相似的性格，其中既有原本就适合这种职业的人，也有为了职业需要而调适自己性格的人，后者自然要比前者多些付出，但只要努力，就一定会有回报。

关于如何在社会实践中打磨性格，一方面我们需要不断学习，在学习实践中根据客观条件来锻炼自己的意志，锤炼自己的性格；另一方面，向行业前辈学习，观察他们的性格特征，见贤思齐。

连线职场 》》

耻辱之戒

在加拿大科技界，常常可以看到，在一些专家学者的左手无名指上，戴着一枚式样相同的钢制戒指。原来，凡戴着这种戒指的人，都是著名的加拿大工学院毕业生。

这所学院誉满加拿大全国，在国际上也有相当的威望。可是，在该校历史上曾出现过一件几乎使该校名誉扫地的事情。有一次，加拿大政府将一座大型桥梁的设计工作交给一名毕业于该校的工程师。由于设计失误，桥梁在交付使用后不久就倒塌了，政府及地方都蒙受了重大损失。为了牢记这个惨痛的教训，加拿大工学院不惜巨资，买下建造这座桥梁的所有钢材，加工成戒指，号称"耻辱戒指"。从此，每届学生在毕业领取文凭时，都要领取一枚这样的戒指。

长期以来，加拿大工学院的毕业生们牢记"耻辱戒指"的教训，对工作一丝不苟、兢兢业业，取得了许多成就。虽然这种钢制戒指仍然戴在所有加拿大工学院毕业生的手上，但"耻辱"已除，他们中的许多人都为学校争得了荣誉。

学以致用 》》

请同学们通过网络搜索、查阅资料等方式完成性格色彩测评，并根据测评结果填写自己的性格清单。同时，根据专业所要求的职业性格特点，制订出自我性格调适的方法。

三、能力决定高度

能力，就是指顺利完成某一活动所必需的主观条件。能力是直接影响活动效率，并使活动顺利完成的个性心理特征。能力总是和人完成一定的活动联系在一起的。

职业能力是人们从事某种职业的多种能力的综合。职业能力既能说明一个人在既定的职业方面是否能够胜任，也能说明一个人在该职业中取得成功的可能性。职业能力分为一般职业能力、专业能力和职业综合能力。

知识卡片

1. 一般职业能力：主要是指一般的学习能力、文字和语言运用能力、数学运用能力、空间判断能力、形体知觉能力、颜色分辨能力、手的灵巧度、手眼协调能力等。此外，任何职业岗位的工作都需要与人打交道，因此，人际交往能力、团队协作能力、对环境的适应能力以及遇到挫折时良好的心理承受能力都是我们在职业活动中不可缺少的能力。

2. 专业能力：主要是指从事某一职业的专业能力。在求职过程中，招聘方最关注的就是求职者是否具备胜任岗位工作的专业能力。例如，你去应聘教学工作岗位，对方最看重你是否具备最基本的教学能力。

3. 职业综合能力：这里主要介绍国际上普遍注重培养的"关键能力"，主要包括四个方面：

（1）跨职业的专业能力。从以下三方面可以体现出一个人的跨职业的专业能力：一是运用数学和测量方法的能力；二是计算机应用能力；三是运用外语解决技术问题和进行交流的能力。

（2）方法能力。一是信息收集和筛选能力；二是掌握制订工作计划、独立决策和实施的能力；三是具备准确的自我评价能力和接受他人评价的承受力，并能够从成败经历中有效地吸取经验教训。

（3）社会能力。主要是指一个人的团队协作能力、人际交往能力。在工作中能够协同他人共同完成工作，对他人公正宽容，具有准确裁定事物的判断力和自律能力等，这是岗位胜任和在工作中开拓进取的重要条件。

（4）个人能力。随着我国经济体制改革的深入、法制的不断健全完善，人的社会责任心和诚信将越来越受到重视，假冒伪劣将越来越无藏身之地，一个人的职业道德会越来越受到全社会的尊重和赞赏，爱岗敬业、工作负责、注重细节的职业人格会得到全社会的肯定和推崇。

连线职场 >>

一家公司对应聘销售的三个人提出了一个考题：将梳子卖给和尚。一个星期的期限到了，三人回公司汇报各自的销售实践成果，甲先生只卖出了1把，乙先生卖出了10把，丙先生居然卖出了1000把。同样的条件，为什么结果会有这么大的差异呢？公司请他们谈谈各自的销售经过。

甲先生说，他跑了三座寺院，受到了无数次和尚的臭骂和追打，但仍然不屈不挠，终于感动了一个小和尚，买了一把梳子。

乙先生去了一座名山古寺，由于山高风大，把前来进香的善男信女的头发都吹乱了。乙先生找到住持，说："蓬头垢面是对佛的不敬，应在每个香案前放把木梳，供善男信女梳头。"住持认为有理。那座庙共有10个香案，于是买下10把梳子。

丙先生来到一座颇负盛名、香火极旺的深山宝刹，对方丈说："凡来进香者，多有一颗虔诚之心，宝刹应有回赠，保佑平安吉祥，鼓励多行善事。我有一批梳子，您的书法超群，可刻上'积善梳'三字，然后作为赠品。"方丈听罢大喜，立刻买下了1000把梳子。

更令人振奋的是，丙先生的"积善梳"一出，一传十，十传百，朝拜者更多，香火更旺。于是，方丈再次向丙先生订货。这样，丙先生不但一次卖出了1000把梳子，而且获得了长期订货的优异成果。

有一说一 >>

上面的故事中，三人的销售过程都体现了哪些职业能力？为什么丙先生的销售大获成功？

每个人的能力都是不同的。可能一个人开始时不具备某种职业能力，但只要在职业实践中刻苦努力，职业能力就可以获得发展和提高。

知识卡片

加德纳多元智能理论

1983年，美国哈佛大学教授加德纳提出了多元智能理论，认为传统偏重智力商数（IQ）这种"唯一机会的教育理论"，会造成许多学生失去自信。根据多元智能理论，评价一个人聪明与否，不能仅仅集中在学业上，还有八种智能（或智力）用于评定一个人的成就。

1. 逻辑数学智力：包括运算和推理等科学或者数学的一般能力，以及通过数理运算和逻辑推理等辨别逻辑或者数学模式的特殊能力、处理复杂推理的能力。这种智力在侦探、律师、工程师、科学家和数学家的身上有比较突出的表现。

2. 语言智力：这种智力主要是指听、说、读、写的能力，表现为个人能够顺利而高效地利用语言描述事件、表达思想并与人交流的能力，以及对声音、韵律、单词的意义和语言不同功用的敏感能力。这种智力在记者、编辑、作家、演讲家和政治领袖的身上有比较突出的表现。

3. 音乐智力：这种智力主要是指谱写歌曲和器乐演奏的能力，包括感受、辨别、记忆、改变和表达音乐的能力，表现为个人对音乐（包括节奏、音调、音色和旋律）的敏感以及通过作曲、演奏和歌唱等表达音乐的能力，还有对音乐表现形式的欣赏。这种智力在作曲家、指挥家、歌唱家、演奏家、乐器制造者和乐器调音师的身上有比较突出的表现。

4. 空间智力：这种智力主要是指准确感受视觉或空间世界的能力，包括感受、辨别、记忆和改变物体的空间关系，并借此表达思想和情感的能力，表现为对线条、形状、结构、色彩和空间关系的敏感以及通过平面图形和立体造型将它们表现出来的能力。这种智力在画家、雕刻家、建筑师、航海家、博物学家和军事战略家的身上有比较突出的表现。

5. 身体运动智力：这种智力主要是指控制自己身体运动和技术性地处理目标的能力，表现为能够较好地控制自己的身体、对事件能够做出恰当的身体反应以及善于利用身体语言来表达自己的思想和情感的能力。这种智力在运动员、舞蹈家、外科医生、赛车手和发明家的身上有比较突出的表现。

6. 人际关系智力：这种智力主要是指与人相处和交往的能力，表现为觉察体验他人情绪、情感、气质、意图和需求的能力以及据此做出适宜反应的能力。这种智力在教师、律师、推销员、公关人员、谈话节目主持人、管理者和政治家的身上有比较突出的表现。

7. 内省智力：这种智力主要是指认识、洞察和反省自身的能力，表现为能够正确地意识和评价自身的情绪、动机、欲望、个性和意志，并在正确的自我意识和自我评价的基础上形成自尊、自律和自制的能力。这种智力在哲学家、小说家、律师的身上有比较突出的表现。

8. 自然认知智力：这种智力主要是指认识动物、植物和自然环境其他部分（比如云、岩石等）的能力。这种智力在猎人、植物学家和解剖学家的身上有比较突出的表现。

连线职场 〉〉

2013年5月14日上午，习近平总书记来到天津人力资源发展促进中心和天津职业技能公共实训中心考察，在与高校毕业生、失业人员等座谈时，问大学生村官杨代显："情商重要还是智商重要？"杨代显回答"都重要"。习近平总书记说，做实际工作情商很重要，更多需要的是做群众工作和解决问题能力，也就是适应社会能力。老话说，万贯家财不如薄技在身，情商当然要与专业知识和技能结合。

有一说一 〉〉

你如何理解"做实际工作情商很重要"？

学以致用 》》

根据加德纳多元智能理论，结合自己的实际填写以下表格。

我的能力	
与我的能力相符的职业	
需要提高的能力	
能力提高的措施	
监督人	

学以致用 》》

《职业生涯规划书》节选：职业能力的测试与分析

我在写作、作曲、绘画、摄影、建筑等艺术形式的工作环境中能够发挥较强的能力；乐于创造新颖的与众不同的东西，渴望表现自己的个性；尤其具备较强的言语能力、社会交往能力和察觉细节能力。

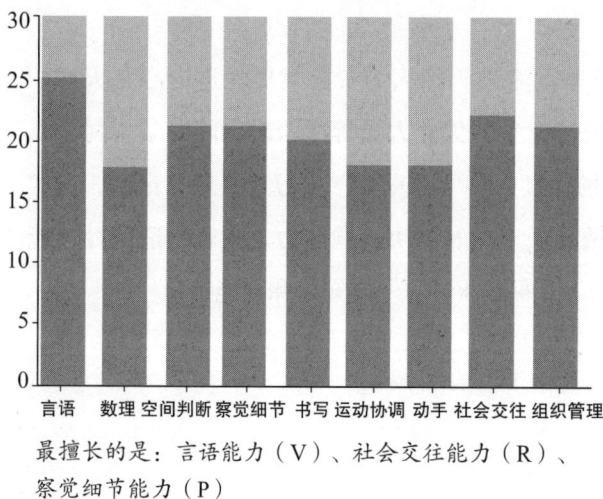

最擅长的是：言语能力（V）、社会交往能力（R）、察觉细节能力（P）

家居设计师需要较强的察觉细节能力、空间判断能力、形态知觉能力、手的灵巧能力等。对于这个职业的要求，我还有提升的空间。因此，我会在今后的学习生活中，通过少想多做，严格要求自己，多赏析世界名画，多练习各种绘画技巧，多旅游增强审美感等，提高自己的职业能力，积极进取，真正把"想做的事"变成"能做的事"。

——家居设计专业　王悦

第二节 价值取向定输赢

成长的足迹：

通过前面一系列相对科学的个性测评和自我分析，王青从兴趣、性格、能力等方面对自己有了更加深入和完整的认识，进行职业生涯规划也变得更有依据了。但是，在当今存在多元价值观的社会形势下，面对着形形色色的职业价值取向，他也不得不思考：自己在职业生涯规划和发展过程中到底该追求什么？社会主流价值观对我们中职生个人的职业价值观又有什么影响？

一、形形色色的职业价值取向

近年来，"最美"这个字眼开始映入人们的眼帘。"最美司机""最美妈妈""最美洗脚妹""最美教师"……一个个充满正能量的名字，让这个社会变得更加有温度。你有没有想过，他们到底美在哪里？

> 人只有献身于社会，才能找出那实际上是短暂而有风险的生命的意义。
>
> ——爱因斯坦

他们助人为乐，不求回报；他们见义勇为，不怕牺牲；他们敬业奉献，拼搏进取；他们孝老爱亲，默默无闻；他们诚实守信，一诺千金……他们都以平凡无私的举动，在各自的岗位上做出了不平凡的选择，传递着人间温暖，传承着善行的力量。在利与义、得与失、荣与辱之间，他们谱写了一曲高尚的职业价值取向之歌。

职业价值取向是人们谋取一份职业的社会行为目的，决定人的就业方向和职业

行为，影响人在职业活动中的态度，是人在从业过程中的驱动力。不同的人往往具有不同的职业价值取向，科学家把人们形形色色的职业价值取向归纳为13种。一般来讲，绝大多数人的职业价值取向不是单一的，往往有多种，是综合性取向。对于职业价值取向，不同的人既在取向范围上有区别，也在取向重要性排序上有区别。

知识卡片

职业价值取向

职业价值取向可以分为13种。

1. 健康：能让自己免于焦虑、紧张和恐惧，希望能平心静气地处理事务，追求身体的健康和心理的安逸。

2. 收入与财富：所从事的职业能明显、有效地增加自己的收入，重视收入的不断增长。

3. 成就感：希望提升社会地位，得到社会认同，追求成功，重视别人对自己的评价。

4. 美感：能有机会多角度地欣赏周围的人和事物的美，有机会发展美和创造美。

5. 挑战感：能有机会运用自己的聪明才智解决困难，能突破传统方式，用创新方法处理事务。

6. 独立性：工作有弹性，可以掌握自己的时间和行动，自由度高。

7. 家庭和人际关系：重视自己所从事的职业对家庭的影响，关心、体贴家人和他人，愿意协助他人解决困难，重视人际关系的和谐。

8. 欢乐：享受人生，结交新朋友，追求职业活动中的欢乐感。

9. 权力：能够影响或控制他人，让他人照着自己的意愿行动。

10. 安全感：能满足基本需求，职业稳定，有安全感，发生突如其来的职业变动的可能性小。

11. 自我成长：所从事的职业有利于知识、能力的提升，有利于人生经验的积累，有利于职务的晋升。

12. 道德感和使命感：重视所从事的职业在社会发展中的作用，将个人职业生涯发展与社会发展的目标紧密结合，愿意为社会和他人贡献一份力量。

13. 协助他人：重视自己的行为使他人受惠，重视自己的付出有助于所在团体的发展。

有一说一 >>

请同学们从13种职业价值取向中，选出你认为最重要的5种并按重要性排序，然后在小组内交流各自的职业价值取向是否合理。

连线职场 >>

全国道德模范候选人——巫大永

"大姐，您就放心喝吧，咱这豆浆要有问题，您找我来！买一杯，我赔您一桶！"每天早晨五点半，巫大永爽朗的吆喝声都会准时在北京某早市响起。"我的豆浆决不偷工减料，保证干净卫生。"

"石磨豆浆，3元一杯，老人和小孩2元一杯，80岁以上免费。"

"我不管收钱、找钱的事，顾客自己付钱、找钱。"

不仅如此，"豆浆哥"还做了很多令人感到温暖的事：

一是豆浆车上的励志名言，如"宝剑锋从磨砺出，梅花香自苦寒来"，"一朵鲜花打扮不出美丽的春天，一个人先进总是单枪匹马，众人先进才能移山填海"等；

二是100把爱心伞，豆浆车上有这样一段话："如果天突降大雨，你正路过此车，本车驾驶室有雨伞，可免费赠送；如果主人不在，自己拿。"

有一说一 >>

◎ 如果你是顾客，购买这样的豆浆时，你有什么样的感受?

◎ "豆浆哥"不光卖豆浆，他更是卖的什么？

◎ "豆浆哥"体现了哪些职业价值取向？

连线职场 》》

当秦明（化名）被抓时，他已经偷了100多件东西，大到笔记本电脑，小到一盒茶叶。此时，他不得不卸去北京大学法学院学生会主席的光环，后来被判处有期徒刑两年半。

近几年来，"房哥"张建华、"表哥"杨达才、"亿元司长"魏鹏远等贪官纷纷落网，其贪腐程度令人咂舌。这些事件的发生，都是由于价值观扭曲导致的。他们本来都是优秀的人才，但是没有能够抵制现代社会中存在的物质主义、享乐主义等错误价值观的冲击，致使身心沉迷于追求物质的畸形需要与欲望中，沦为铁窗内痛苦悔恨的阶下囚。

有一说一 》》

同学们，看到这些令人触目惊心的案例，请思考一下，价值观的缺失会给个人和社会带来什么样的后果？

青年的价值取向决定了未来整个社会的价值取向，而青年又处在价值观形成和确立的关键时期，抓好这一时期的价值观养成十分重要。这就像穿衣服扣扣子一样，如果第一粒扣子扣错了，剩余的扣子都会扣错。人生的扣子从一开始就要扣好。"凿井者，起于三寸之坎，以就万仞之深。"我们要从现在做起、从自己做起，使社会主义核心价值观成为自己的基本行为准则，并身体力行大力将其推广到全社会去。

二、调整不合理的职业价值取向

时代的精神是"青年的价值取向"的准星。我们党提出的"富强、民主、文明、和谐，自由、平等、公正、法治，爱国、敬业、诚信、友善"的社会主义核心价值观，就是当今中国的时代精神。它既传承着中国优秀传统文化的基因，寄托着近代以来中国人民上下求索、历经千辛万苦确立的理想和信念，又吸收了世界文明的有益成果，体现了社会主义的本质要求，彰显了每个中国人的美好愿景。

人生故事 >>

2017年8月8日，四川九寨沟地区发生7级地震。地震发生后，武警四川总队阿坝支队十三中队第一时间出动，进入地震受灾区，搜救受困群众，转移伤员。右面的图片中，右边的军人逆行冲向塌方地段展开救援，左边的司机冒着生命危险为游客取回行李。同样是奔跑，危急时刻，灾难面前，司机选择的是职责，军人选择的是使命和担当。顺行、逆行，都是英雄。

不同的人在关键时刻的不同选择，彰显着一个人的职业价值取向。根据青岛市教育部门的统计，近3年，青岛市中职学校的毕业生就业率基本保持在95%以上，甚至有些学校每年的毕业生就业率基本接近100%。

就在这样高的就业率的背后，中职生和用工企业却各有苦恼。统计显示，大多数中职生在进入企业以后，很难工作满3年，有些甚至在一年时间里就连续换了三四个工作。换工作的原因是工资低、工作不开心……中职生的频繁跳槽，让企业十分头痛。某公司负责人说，企业到中职学校招聘来的学生，往往需要培训一段时间，等培训熟练了，他们却连招呼也不打就离开了。

有一说一 》》

同学们，请联系13种职业价值取向说一说：中职生频繁跳槽的原因主要是因为哪些价值取向的缺失？对你的求职就业有什么启示？

前述13种职业价值取向可以分为三类：一是维持并提高物质生活的需要，通过从事职业活动取得报酬，满足衣、食、住、行等方面的需求，这是最基本的要求；二是满足精神生活，实现人生价值，特别是发展个性的需要，在物质生活水平大大提高的今天，人们的这种需要越来越强烈；三是承担社会义务的需要，即通过从事职业活动，履行社会分工中应尽的职责，为祖国、为人民多做贡献，尽一个公民应尽的义务。

知识卡片	
物质	物质生活的需要： 收入与财富、健康
精神	精神生活的需要： 成就感、美感、挑战感、独立性、家庭和人际关系、欢乐、权力、安全感、自我成长
社会	社会义务的需要： 道德感和使命感、协助他人

有一说一 》》

分析个人的职业价值取向，看看自己还有哪些方面需要调整。

同学们，即将踏上社会的我们在择业时，不能只考虑工作的经济收入、工作条件、地点等因素，更要考虑职业对自己一生发展的影响与作用，应看重职业能否帮助实现自我价值。因此，要在考察社会需要的基础上，树立注重自我职业发展、才能发挥、事业成功的职业价值观。对于那些虽然现在工作条件不怎么样，但发展空间大、能让自己充分发挥作用的单位要优先考虑；对于那些现在经济发展水平不太高，但发展潜力大、创业机会多的工作地点也要重视。对我们来说，成长比成功重要，成才比工资重要。

在实现中国梦的伟大实践中创造千千万万当代中国青年的精彩人生，是我们这一代青年的宏大际遇。如果个人在职业选择中，既能满足个人的物质需要和精神需要，又能为社会做贡献，将三者有机结合，才是最佳的选择。这样我们既能从中获得职业幸福感，又能担当起时代赋予我们的伟大使命。

学以致用 》》

结合所学专业对应的职业群，通过对自己的职业兴趣、性格、能力、价值取向的分析定位，找出适合自己的职业，建立自己的职业库。

《职业生涯规划书》节选：职业价值取向的测试与分析

我将职业价值观从六个方面加以区别并进行测试，得分情况如下图所示。

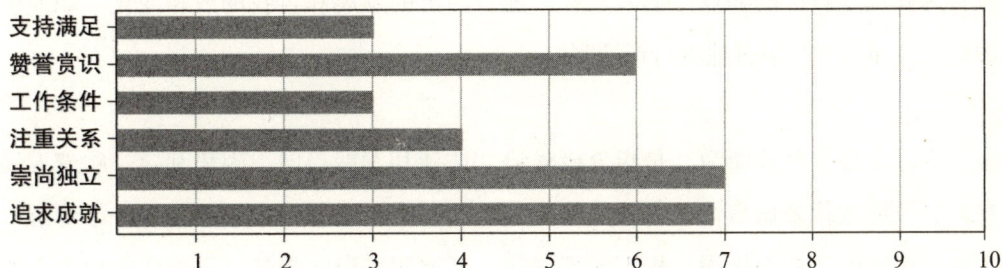

自我对照：

我在六个方面的得分情况如上图所示，比较突出的职业价值观是崇尚独立和追求成就。

① 崇尚独立：我期望在工作中能够独立工作、独立决策，能够表现出自己的创造力，发挥自己的责任感和自主性，而且能够以自我监督的形式使自己的工作按照计划顺利进行。

② 追求成就：我对工作的期望是能够看到及时的成果展现，并体验到可能的成就体验，即工作上追求的是一种自我实现，而不是外在物质利益的满足。

我希望在工作中通过自己的努力付出，得到应有的成果，并充分感受自己完成任务后的成就体验。我想对于一名教师而言，看到孩子们的成长与进步就是我最大的追求。

——学前教育专业　王阅

第三节　外部机遇善把握

成长的足迹：

开学一段时间了，专业课的学习，正好发挥了王青的特长和爱好，让他体会到了学习的乐趣，感受到了自我的价值和潜力。通过对自己的认识，王青也明确了适合自己的就是最好的，职业生涯规划有了更加清晰的方向。但是想到以后可能从事的职业，王青有些困惑：这些职业的发展前景如何？如何利用自己的家庭环境和学校资源来规划自己的职业生涯发展呢？随着经济的发展和自我的成长变化，职业生涯规划该如何与时俱进地进行调适呢？

审时度势，顺势而为，是指分析时势，估计其发展趋向，因势利导，顺着发展趋向，遵循规律来做事情。职业生涯规划的过程中，必须对求职环境有一个清醒、理性、全面的认知与把握。把握职场现状，了解职场潜在趋势，进而有效地进入职场，顺利就业，开始职业生涯，抵达自我实现境界。

中职生就业，必然受到社会环境、行业环境、个体环境的影响与制约，就业者必须对此有所了解与把握。

一、个体环境

个体成长的环境是指个体家庭背景、教育背景等因素影响的总和，它们对个人的特征、能力与素质的生成，有着具体的、不可忽略的作用。

1. 家庭背景因素

人生故事 》》

就业与升学，向左走还是向右走？

"苦难是人生的财富"，可是对于出生在新世纪、成长在蜜罐里的当代高中学生来说，苦难离他们的生活太遥远，其中的艰辛更是无从体会。高美却没有大家那么幸运，她出生在一个偏远的小山村，很小的时候，父母为了生计来到青岛打工，孤苦伶仃的她就和祖母相依为命。初三快结束的时候，她来到了父母的身边。每天她总是第一个起床，准备早饭，收拾家务，尽量减轻父母的负担。

由于所学教材不同，加上教学水平的差异，虽然她在初三的最后时间里尽了最大努力，但是仍旧没有能够升入理想的高中。家里要她放弃学业，外出打工，贴补家用。可是读书是她最强烈的愿望啊！经过多方努力，在初中老师的帮助下，青岛市某中职学校同意破格录取她。当她得到可以入学的消息时，学校已经开学两个月了。

能够学习，就已经是一种幸运，上课成为她最幸福的人生体验。刚进入学校的时候，她就为自己制订了详细的学习计划，用最短的时间补上功课。每天放学后，她匆匆赶回家，拾掇好家务，做好饭，看着弟弟吃完，然后赶到市场，帮父母照看生意，直到深夜，才能在家安安静静地听英语磁带，完成没有做好的功课。第一学期期末考试中，她取得了级部第六名的好成绩，其中语文成绩是全年级最高分。第二学期，她进入级部的前三名，拿到学校的二等奖学金，并被评为学校的三好学生。

面对就业还是升学，高美考虑了很多。她想到自己的性格与专业，更考虑到自己的家庭状况，决定先就业，一边工作一边学习，争取凭借自己的努力，既帮助家里缓解经济困难，又能圆自己的大学梦。

想一想：面对就业还是升学，高美的选择给你什么启示？

家庭是孩子成长的第一所学校，父母是孩子发展的第一任老师。家庭的环境气氛、父母的教育方式、父母对孩子的就业期望等对孩子今后所从事的职业有着很大的影响，会影响孩子成年后所从事的职业类型、创造水平等。另外，家庭组成、经济条件、社会关系、家庭成员的健康及职业等都和我们的职业生涯发展有关。

知识卡片

家庭资源是指为了维持家庭的基本功能、应对家庭压力事件或危机状态，家庭所必需的物质和精神上的支持。一个家庭可利用的资源越充足，则越有利于家庭及其成员的健康发展。家庭资源一般可分为内资源和外资源。

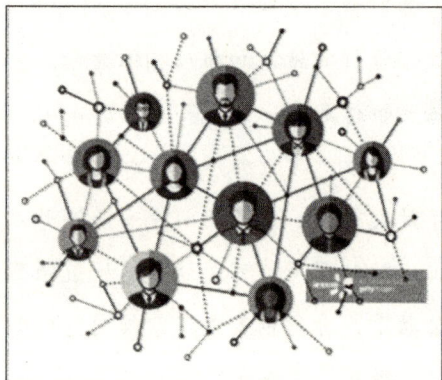

1. 家庭内资源

（1）经济支持：家庭对其成员所提供的各种财物支持。

（2）情感支持：爱与关心是家庭资源的根基，关爱适度则不会发生溺爱或漠视；当面对压力时，家庭对其成员提供的感情支持与精神安慰也是最有效的资源。

（3）健康管理：家庭对其成员健康的维护和对患病成员提供的医疗照顾。

（4）信息和教育：教育程度高、知识经验丰富者，面对家庭压力或问题时，往往能寻求资源，睿智地提出解决方案，使资源发挥更好的功效。

（5）结构支持：家庭通过改变住宅、设施，适应其成员的需求，如为行动不便或患病成员设置墙壁扶手、浴厕扶栏等。

2.家庭外资源

（1）社会资源：家庭以外的社会群体，如朋友、同事、邻居等，为家庭成员提供的精神支持，或政府的社会福利机构提供的物质、设备和资金帮助。

（2）文化资源：丰富多彩的文化资源可以提高家庭生活品质，充实家庭生活，缓解家庭成员的情绪和压力。

（3）经济资源：稳定、充足的经济资源是家庭应对日常生活需求的基本保障。

（4）教育资源：通过各种学历、非学历的教育和培训，可提高家庭成员的教育水平，同时提高应对各种生活压力的能力。

学以致用 》》

和父母聊聊天，根据聊天内容完成下列表格。

家庭条件分析					
家庭主要成员	年龄	学历	职业	月收入	对本人的职业期望
能给自己未来的职业提供哪些资源					

2.教育背景因素

中等职业教育是培养技能型、应用型、熟练型劳动力的专门教育。与传统的普通高中教育相比，职业教育更注重动手技能、创造技能的培养，更讲究实用性、操作性。

连线职场 》》

小吴是某职业学校文秘专业的毕业生，接到某公司行政助理岗位的面试通知后准时赴约。一起面试的人很多，但面试中电脑出了故障，致使面试无

法正常进行。时间一分一秒地过去了，电脑还没修好。面试的学生中已有不少人在议论纷纷，有的人对耽误时间表示不满。

招聘主管根据应聘者的简历，让写有"精通电脑"的应聘者试试，看能否把电脑修好。在这关键时刻，那些人却打了退堂鼓。小吴由于在校期间学习过计算机基础知识，而且顺利考取了计算机中级证书，于是毛遂自荐，利用平时积累的知识，沉着地进行各种调试，终于找到了电脑的毛病，很快将电脑修好了。

小吴出人意料的表现，使招聘人员发现了一位拥有多种技能的毕业生，她幸运地取得了自己满意的职位。

机会只会给有准备的人。所谓技多不压身，哪怕只是偶然的机会，只要有真本领在身，也会为应聘者带来意外的收获。特别是在当今这样一个多元化的社会中，复合型人才永远是最受欢迎的。

有一说一 》》

小组讨论：在我们所学专业的基础上，还可以学习哪些相应的技能来增强自己的竞争优势？

二、行业环境

每一个具体行业，总有一定的特殊性与差异性，对人才的规格、技能、层次、特征都会提出不同的需求。每一个进入职场的求职者，都必须对各自预备进入的行业有一个全面、系统的了解，特别是对各个行业从业人员的受教育程度、职业培训要求、基本素质、能力倾向等，有一个深入的把握，从而增强就业的目的性和准确性。

连线职场 》》

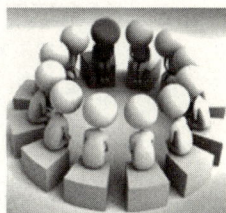

走访本专业的毕业生，了解与本专业有关行业的新技术、新工艺、新职业和新岗位，完成下列表格。

毕业生姓名		
所学专业		
毕业时间		
现在工作单位及职务		
所在行业中出现的新技术、新工艺、新职业和新岗位		

从职业生涯发展的角度，养成关注区域经济、行业动向的习惯，及时按照本行业出现的新工艺、新技术来提升自己的职业能力，提高搜集筛选相关信息的能力，促进职业生涯发展。机遇是为有准备的人提供的，机会一方面需要人敏锐地发现和捕捉，另一方面需要人通过努力去创造。

连线职场 》》

小孟是某中职学校学前教育专业2007级的学生，毕业之后一直在一家知名连锁幼儿园工作。在工作之余，她还积极参加各种培训学习，接受先进的教育理念。由于积极的工作态度和专业的教学水平，她深得孩子和家长们的好评，成为幼儿园的业务骨干。

2016年1月1日，国家全面放开"二孩"政策，平时就关注行业动态的小孟意识到，在中国即将迎来一股婴儿潮的同时，早教市场也暗潮涌动。她马上建议幼儿园领导开设早教课程，举办关于3岁以下的孩子及其家长的学习和培训。幼儿园早教分部建立之后，满足了市场的需求，凭借专业的教育教学，深得家长们的喜爱，业务非常火爆。小孟也凭借自己的远见卓识，被任命为该早教分部的负责人，赢得职业生涯的飞速发展。

三、社会环境

社会环境是指社会各种客观因素所形成的职场就业的总体氛围，它包括国家经济、区域经济以及行业经济的发展。

1. 国家经济发展

国家的经济发展是影响劳动就业最直接的因素。我们选择职业，不可避免地要受到社会经济的影响与冲击。经济发展、科技进步、劳动生产率提高，就会加速职场的变化，增加就业岗位，

> 中国特色社会主义进入新时代，我国社会主要矛盾已经转化为人民日益增长的美好生活需要和不平衡不充分的发展之间的矛盾。
>
> ——党的十九大报告

为我们提供良好的就业机遇。反之，经济萧条，就业机会也会相应趋紧。

党的十九大报告对未来我国经济发展提出了新的要求，明确建设社会主义现代化强国的发展重点和改革取向。站在发展新起点上，我们要坚持质量第一、效益优先，以供给侧结构性改革为主线，推动经济发展质量变革、效率变革、动力变革，不断增强我国经济创新力和竞争力。

这个大众创业、万众创新的时代大背景，为我们就业提供了源源不断的机遇与可能。这种机遇最直接地反映在职场上，就是新兴职业不断涌现，各产业发展迅猛，所提供的职业岗位也越来越多。我们必须把握时机，充分发挥主观能动性，主动适应社会需要。

连线职场 〉〉

新经济孕育新职业

"从明天开始，我的工作不再是公司法务，而是中国整理师。"辞去工作后，韩艺恩在朋友圈上发了这样一条微信。

1989年出生的韩艺恩，于2015年底开始全职做整理师。现在，她已经成立了自己的公司，业务红火，收入可观。2017年5月21日，她发起召开了第一届中国整理师大会，来自全国各地的138位整理师赶到上海出席会议。

整理师行业的悄然兴起，为我们揭开了中国新兴职业的冰山一角。很多新兴职业

"脑洞大开"的程度，超出很多人的想象。

"雇人陪你逛街帮你搭配，你需要吗？"面对这个问题，恐怕很多人的反应是这样的：我自己买衣服就好了，为什么要雇人？殊不知，陪同购物在很多城市已经成为一种新兴职业，一般按小时计费，从数百元到数千元不等。

无独有偶，最近几年还出现了一个职业叫酒店试睡员，月薪高达万元。这是中国企业招聘史上从未有过的"岗位"，被网友戏称"史上最爽职业"。

近年来，民用无人机的应用越来越多。一个初入行的飞手，起薪可能就是每月四五千元。一个有经验的能维修维护的熟练飞手，年薪起码在15万元以上。而一个有资历的无人机优秀飞手，就不光是年薪多少的问题，更得有期权、股份才能留得住。

的确，借着中国经济发展的大势，新的消费需求不断被激发出来，市场领域被细分再细分，造就了一个个崭新的职业。比如，一份食物，光好吃还不行，还得看起来诱人食欲。于是，一个给食品"做美容""捣造型"的职业——食物造型师华丽诞生了……

可以看到，新兴职业多属于服务行业，赚的是"智慧钱"和"个性钱"。比如，酒店试睡员的工作并没有想起来那么简单：不仅试睡前需要做大量案头工作，入住酒店后还必须对种种细节观察入微，并用大量引人入胜的文字、图片和视频来描述住宿体验，对一个人的综合素质要求非常高。

投身360行之外的新兴职业，折射了青年一代就业观念和人生观价值观的变化。新一代年轻人在追求自身价值实现的同时，也更加注重内心体验，选择职业更加自我，即从自己意愿出发，更注重个人价值的发挥。

（选自《光明日报》，2017年8月31日，有改动）

有一说一 》》

淘宝客、自媒体……在新的经济发展形势下，涌现出了许多我们以前没听过的职业。以小组为单位，找出几种这样的职业，并搜索这些职业的特点、发展趋势及其对从业者的要求。

2. 区域经济发展

人的发展离不开自己的"根"，与个人职业生涯发展关系最密切、最直接的是自己的家乡。我们在这里长大，最熟悉这里，人际关系也集中在这里。利用家乡的优势来发展自己，往往能得到事半功倍的效果。

我们应该着重从两个方面关注区域经济，一是区域经济特色，二是本地经济与其他区域经济的比较。这样既能捕捉到有利于自身发展的机会，也可以验证个人发展目标是否符合经济社会发展的需要。很多职业生涯成功的人是在关注区域经济发展的过程中产生灵感，从而找到适合自己的、成功的个人发展方向。

连线职场 》》

青岛地铁联手七家学校　三年培育人才上千人

2016年6月19日，青岛地铁集团发布了一则委培生公告，被市民热议。该公告发布的招生人数和专业之多前所未有。

青岛地铁集团运营分公司人力资源部经理孙会岩告诉大众网记者，此次委托7所职业学校招收1090名学生，专业涉及车辆驾驶、站务运作、内燃机车驾驶和检修、车辆设备、车辆检修、供电维护、机电一体化、通信维护、信号维护以及工程建设等10个专业。

"经过三年的培养，这些学生将充实到青岛地铁的运营队伍中。"孙会岩说，到2020年，青岛将实现3号线、2号线、1号线、4号线、11号线、13号线6条地铁线运营，届时，这6条线路需要配备大批专业技术人才和一线运营人才。

专家介绍，地铁作为百年工程，每公里需要配备60~80人，特别是像青岛这样的新建地铁城市基于人才储备考虑，首条线路每公里需要70人。另外，地铁人才专业需求类型多、范围广，涉及运输、通信、地下管线维护、市场开发等等。所以，青岛地铁除了采取委培方式培养大批量人才，还需要多措并举招揽高端、专业人才。

有一说一 >>

青岛地铁的建设，为我们的职业选择提供了新机会。请大家通过新闻报道、网络搜索等方式，关注本地区域经济的发展，寻找还有哪些新的就业机会。

3.行业经济发展

行业发展离不开人才，人才的个人价值需要在行业发展中体现。对企业员工来说，只有行业发展了，才可以为个人发展提供许多资源，让员工更充实、更安心工作，个人才能有更大的发展空间。行业的成功不仅仅意味着企业的成功，更意味着每个员工的成功。每个员工都应该明白这样的道理：行业发展是个人发展的基础，行业的命运就是个人的命运。然而，有些人总是认为自己是在为企业打工，至于企业如何发展，与自己没有任何关系，心里想着如果哪一天企业走向衰落，自己换个企业就是了。持这种观念的人实在可悲，他们从来没有认识到企业与自己的命运有着千丝万缕的联系，他们不知道企业的发展不仅有利于企业，也有利于自己。通俗来讲，只有企业赢利了，你的工资和奖金才能得到相应的提高。如果没有企业的快速发展和利润的增加，哪里有你的丰厚薪酬？行业发展是个人发展的前提条件。反过来，也可以说个人发展是行业发展的前提条件。总之，行业与个人就像鱼儿离不开水一样，他们是一个紧密相连、息息相关的命运共同体。

> **知识卡片**
>
> ### 行业分类
>
> **发展前景**
>
> 1. 朝阳产业——未来发展前景被看好的产业。
> 2. 夕阳产业——未来发展前景不乐观的产业。

技术的先进程度

1.新兴产业——采用新兴技术进行生产、产品技术含量高的产业。

2.传统产业——采用传统技术进行生产、产品技术含量低的产业。

要素集约度

1.资本密集型——需要大量的资本投入的产业，比如钢铁、房地产。

2.技术密集型——技术含量较高的产业，比如飞机制造。

3.劳动密集型——主要依赖劳动力的产业，比如纺织。

4.知识密集型——依靠创意设计等智慧投入的产业，比如创意产业。

5.资源密集型——依赖资源消耗的产业，比如煤炭、木材。

学以致用 》》

《职业生涯规划书》节选：外部环境因素分析

机　遇

1.朝阳产业，前景良好

经济发展，居民生活水平提高，旅游业蓬勃兴起，为我们将来就业提供了良好的契机。

2.专业对口，双向选择

在学校期间所学专业是旅游服务与管理，这与我的目标是对口的，这样在学校分配工作时会有很多可供选择的单位。

3.学校实习，优质就业

参加学校优质项目到澳门免税店实习。在澳门可以接触到很多新鲜东西，学习到更多的文化，而且对学习葡萄牙语有一定的帮助。

4.外语人才，缺口巨大

随着我国旅游业的发展，会吸引来自世界各国的游客，但会说小语种的人还很少，缺口很大。

挑　战

1. 学习外语吃力。我国很多大学都有外语专业，毕业生具有一定的外语底子，而我需要从头学起，感觉会比较吃力。

2. 旅游行业竞争激烈。到2020年我国的旅游业总产出将达到7万亿元以上，相当于国内生产总值的8%。这说明我国现在是从旅游大国走向世界旅游强国，很多人才和资金将涌入这个行业，势必加剧旅游业的竞争。

3. 对导游的素质要求越来越高。随着生活水平的提高，人们的文化程度也在不断提高，对导游的要求也越来越高，要求导游成为全面发展的"生活百科全书"式导游员。

——旅游专业　张玉

第四节　综合实践课：运用SWOT工具进行自我分析

一、活动背景

同学们，经过本模块前面知识的学习，我们了解了自我和外部环境。现在需要根据我们自身的内在条件进行分析，找出自己的优势、劣势及核心竞争力之所在。对机遇和挑战进行比较客观的分析，将有助于我们认清形势并果断地进行抉择。SWOT分析法，可以帮助我们从中找出对自己有利的、值得发扬的因素，以及对自己不利的、需要回避的东西，发现存在的问题，找出解决办法，并明确以后的发展方向。

二、活动目的

SWOT分析法又称态势分析法，它是由美国哈佛商学院的K. J. 安德鲁斯教授于1971年在其《公司战略概念》一书中提出的，是一种能够比较客观而准确地分析和研究一个人的现实情况的方法。SWOT分析法的优点在于考虑问题全面，是一种系统思维。

SWOT的四个英文字母的意义：

Strength（优势）——内部的有利因素，比如自己独特的技能、天赋和能力，能做哪些别人做不到的事等等。

Weakness（劣势）——内部的不利因素，比如自己缺少什么技术，缺少哪些能力，别人有哪些比我们好的地方等等。

Opportunity（机会）——外部的有利因素，比如有哪些适合我们的机会，可以学到哪些技术，可以提供给我们什么服务等等。

Threat（威胁）——外部的不利因素，比如竞争者的优势是什么，方针政策有哪些不利于自己的地方，行业的衰退等等。

所谓SWOT分析，指的是在四个有关维度上进行分析，找出适合自己的基本策略。从整体上看，SWOT分析可以分为两部分：第一部分为SW分析，主要用来分析内部条件；第二部分为OT分析，主要用来分析外部条件。

三、活动流程

一步一步学会SWOT分析法。

第一步：画出S、W、O、T坐标图，如下图所示。

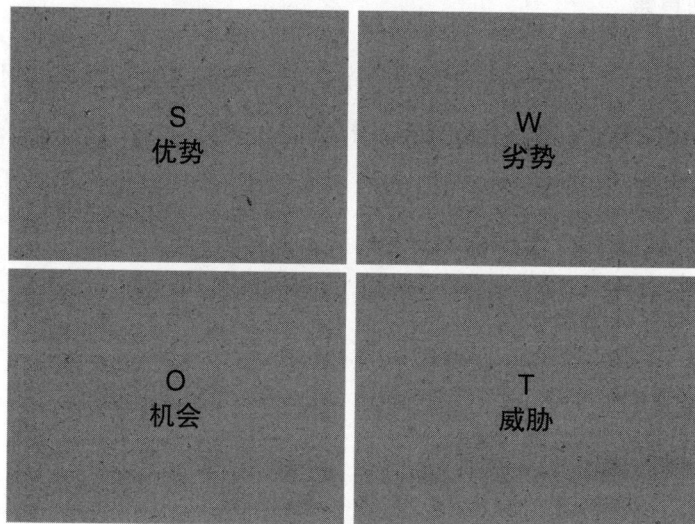

S 优势	W 劣势
O 机会	T 威胁

SWOT分析法

第二步：据实罗列自己的优势、劣势、机会和威胁。

第三步：分析优势和劣势，找出机会和威胁。

知识卡片

　　自我认知与个人分析是进行清晰的自我定位的基础，对一个人的成长和发展具有极其重要的作用。下面是某中职生利用SWOT分析工具对自己的内外部条件进行的分析。

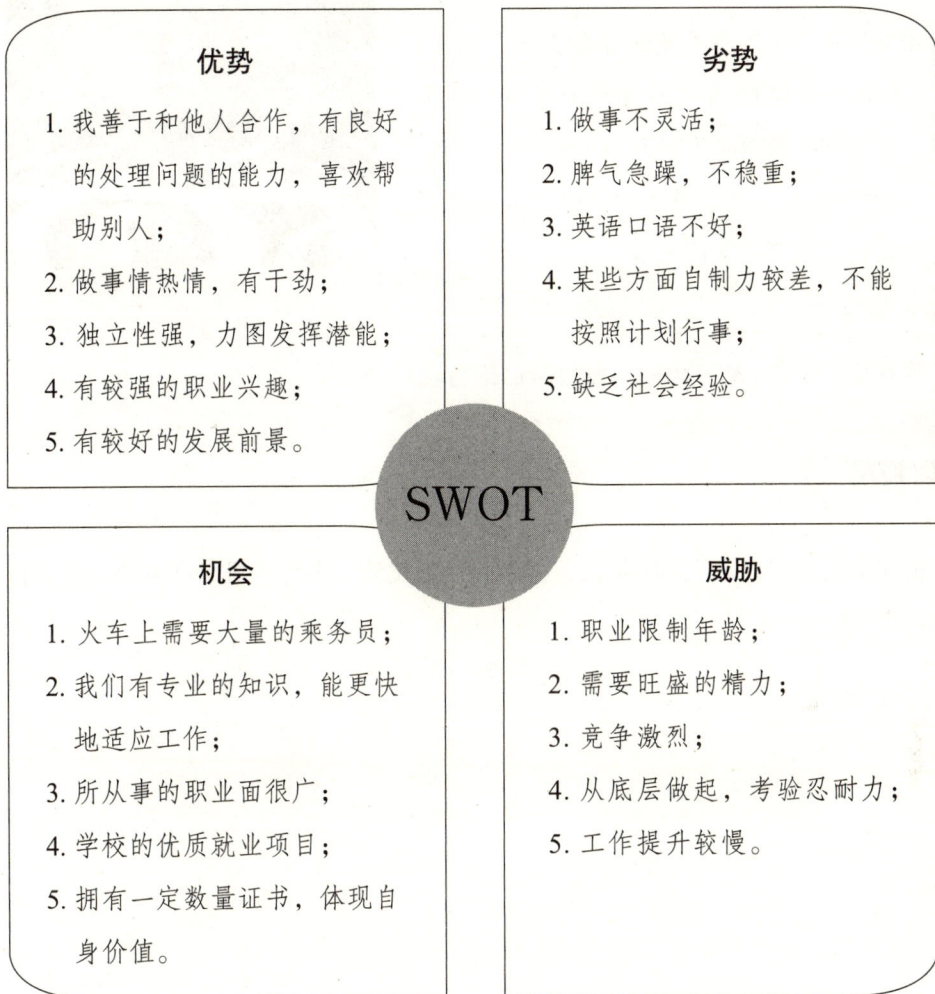

优势

1. 我善于和他人合作，有良好的处理问题的能力，喜欢帮助别人；
2. 做事情热情，有干劲；
3. 独立性强，力图发挥潜能；
4. 有较强的职业兴趣；
5. 有较好的发展前景。

劣势

1. 做事不灵活；
2. 脾气急躁，不稳重；
3. 英语口语不好；
4. 某些方面自制力较差，不能按照计划行事；
5. 缺乏社会经验。

SWOT

机会

1. 火车上需要大量的乘务员；
2. 我们有专业的知识，能更快地适应工作；
3. 所从事的职业面很广；
4. 学校的优质就业项目；
5. 拥有一定数量证书，体现自身价值。

威胁

1. 职业限制年龄；
2. 需要旺盛的精力；
3. 竞争激烈；
4. 从底层做起，考验忍耐力；
5. 工作提升较慢。

第四步：构造SWOT矩阵，组合成OS、OW、TS、TW策略。

1. 机会–优势（OS）策略：抓住机会，发挥优势。

2. 机会–劣势（OW）策略：利用外部资源来弥补自我的内部劣势。

3. 威胁–优势（TS）策略：利用优势减少威胁的影响，最终将威胁转化为机遇。

4. 威胁-劣势（TW）策略：减少劣势，同时回避威胁，即不正面迎接威胁，最终置之死地而后生。

知识卡片

TW策略是一种最为悲观的策略，是处在最困难的情况下不得不采取的策略。

OW策略和TS策略都属于苦乐参半的策略，是处在一般情况下采取的策略。

OS策略是一种最理想的策略，是处在最为顺畅的情况下采取的策略。

第五步：依据SWOT策略，制订自己的行动计划。

学以致用 》

请同学们根据自己的实际情况，分析自己的优势、劣势、机会和威胁，完成自己的SWOT分析表。

附　录

职业生涯规划获奖作品赏析（二）

足球梦　幼师情

人需要梦想，如果没有梦想，生命就会失去活力和勇气。我有属于自己的梦想，并不断努力为这场盛大的梦想之旅插上足以奋飞的翅膀。我从小就喜欢足球，我的梦想是当一名足球运动员。2016年，15岁的我进入了职业学校，就读于学前教育专业。一年多来，我的知识技能越来越丰富，我的视野越来越开阔，我的梦想也越来越清晰，那就是成为一位不平凡的幼儿园老师，一位将足球运动、足球文化带给孩子们的幼儿园老师。

认自我 》》

1. 自我介绍

我活泼、开朗，喜欢唱歌、运动、看书，有了它们，我的生活不会枯燥。我是校足球队成员，先后获得青岛市市长杯足球赛第二名、区长杯足球赛第一名、青岛市青少年足球锦标赛第一名的优异成绩。寒暑假的时候，我会去妈妈所在的幼儿园担任实习小老师，用我所学，教孩子们唱歌、跳舞、画画，和孩子们一起玩足球游戏。和孩子们在一起，我体会到了简单而纯真的快乐，这让我的内心充盈而满足。

2. 自我探索

测评结果		结果解读
职业兴趣测评	 社会型与艺术型	喜欢和人打交道，注重人际关系的和谐。看重自我提升，乐于帮助弱势群体。与儿童或青少年相处时很有耐心，对教育工作十分感兴趣。有想象力和创作欲望，善于表达和展示。
性格测评	 公关型——天下没有不可能的事	敢于冒险，敢于尝试新事物。适应能力强，能迅速改变自己的行事速度及目标。兴趣广泛，交际能力强，能够在任何真正感兴趣的领域中成功。
价值观测评		希望在工作中通过自己的努力付出，得到应有的成果，并充分感受自己完成任务后的成就体验。我想对一名教师而言，看到孩子们的成长与进步就是我最大的追求。

抓机遇 》》

1. 社会资源

2015年2月27日，习近平总书记主持召开中央全面深化改革领导小组第十次会议，审议通过了《中国足球改革发展总体方案》。会议强调，实现中华民族伟大复兴的中国梦与中国体育强国梦息息相关。发展振兴足球是建设体育强国的必然要求，也是全国人民的热切期盼。中国足球力量梯队建设是实现足球梦的重要内容，普及和提高青少年足球水平成为所有足球人的共识。

我国于2015年9月起大力开展幼儿足球活动的实践与研究，通过开展幼儿足球活动，培养幼儿的运动兴趣和综合运动能力，增强体质，提高幼儿动作的协调性、灵活性和大胆、自信、勇敢的个性心理品质，促进幼儿身心和谐发展。

青岛市是传统的足球文化城市，足球运动有着浓厚的市民底蕴。足球运动已经吸引了很多老百姓的关注和支持。

因此，足球运动和足球文化进入幼儿园，应该是很多幼儿园今后发展的亮点和趋势。

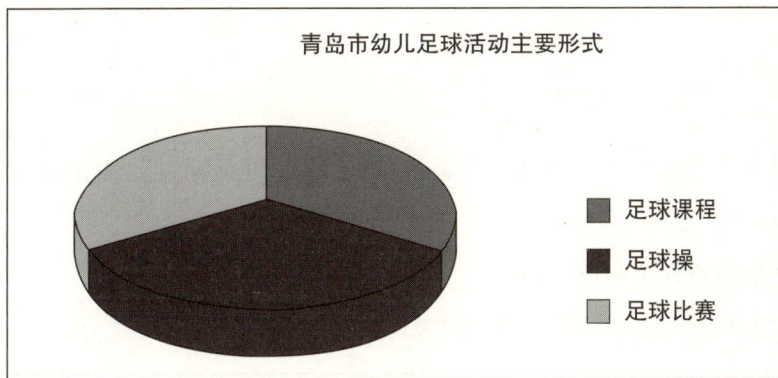

青岛市幼儿足球活动主要形式

■ 足球课程
■ 足球操
■ 足球比赛

2. 家庭资源

我出生在一个幸福的家庭，妈妈是社区幼儿园老师，并担任小班的班主任。受妈妈的影响，我也特别喜爱那些天真烂漫的孩童。中考之后，我在众多专业中选择了学前教育专业，我期待着自己有一天也能成为孩子王。而我的足球爱好是在爸爸的影响下培养起来的，爱运动的爸爸遗传给了我运动的细胞和天分。当我将自己的职业生涯规划方案和爸爸妈妈进行沟通的时候，得到了他们的充分肯定和大力支持。在这样的家庭里，我感到无比温暖，他们永远是我的精神支柱和力量源泉。

树目标 〉〉〉

我的理想是成为一名将足球运动和足球文化带入幼儿园的幼儿教师，培养幼儿的运动兴趣和综合运动能力，增强幼儿体质，提高幼儿动作的协调性、灵活性和大胆、自信、勇敢的个性心理品质，促进幼儿身心和谐发展。为了实现我的理想，我制定了以下分阶段目标。

近期目标：（1）学好专业课和文化课；（2）取得相应的资格证书；（3）继续努力进行足球训练；（4）争取好的实习机会。

中期目标：（1）取得中专毕业证，并继续参加成人高考；（2）报考幼儿园教师资格证；（3）取得足球教练员D级以上证书；（4）爱岗敬业，积累足球和幼儿教育相结合的成功经验。

长期目标：（1）创新方法，积累经验，成为幼儿园的业务骨干；（2）带头组建足球特色教学团队；（3）通过足球运动，促进幼儿身心健康发展，实现自己的职业理想。

立匠心 〉〉

心怀梦想，脚踏实地，践行工匠精神，围绕着我的职业生涯发展目标，我制订了如下实施方案。

1. 近期职业规划（2018—2019）

近期职业规划即在学校学习期间的规划。

近期职业规划（2018—2019）	
目标	做好实习前的准备，学好专业课和文化课，取得相应的资格证书，继续努力进行足球训练，争取好的实习机会。
实施方案	① 在学习上，上课认真听讲，课后多做题，多练，多背，多思，多问。在专业课上，勤学苦练，以学校技能大赛为平台，积累经验，提高水平。 ② 积极准备2018年上半年青岛市组织的幼儿教育培训师（员级）考试，每天学习普通话考试教材，参加普通话证书考试，争取考得二级甲等以上。 ③ 参加学校足球队的早晚功训练，积极提升自己的基础能力，争取代表学校参加区长杯和市长杯的足球比赛，并取得好成绩。 ④ 利用寒暑假到妈妈所在的幼儿园参加社会实践，尝试将足球运动用于孩子们的日常游戏中。

2. 中期职业规划（2019—2024）

中期职业规划即在实习期和就业初期的规划。

中期职业规划（2019—2024）	
目标	顺利毕业，取得中专毕业证，并继续参加成人高考。在工作的过程中，准备教师资格证考试。在成人高考毕业后，报考幼儿园教师资格证。爱岗敬业，积累足球和幼儿教育相结合的成功经验。取得足球教练员D级以上证书。
实施方案	① 争取学历的提升：努力参加实习工作，顺利取得中专毕业证，争取获得"优秀毕业生"称号。继续学习备考，争取2019年10月能参加成人高考，并在2023年左右获得大专学历。 ② 资格证书的积累：2023年在获得大专学历之后，报名参加幼儿园教师资格证考试，争取一次性通过笔试和面试。2024年左右取得足球教练员D级以上证书。 ③ 在实习工作过程中，热爱并尊重每一位幼儿，尊重幼儿的想法和做法，关心每一个孩子的点滴成长。 ④ 认真设计足球活动内容。以培养幼儿对足球运动的兴趣为目的，根据幼儿的生理、心理以及动作特点，合理设计足球活动的方案。在活动中注重观察幼儿的言行、学习状况，并进行记录，积累足球和幼儿教育相结合的成功经验。 ⑤ 做好常规教学。认真备好每一节课，在日常教学中对自己不懂的问题积极与有经验的教师探讨，每次课堂教学后，认真反思记录，争取在工作实践中尽快成长。

3. 长期职业规划（2025年以后）

长期职业规划即在工作中实现职业飞跃的规划。

长期职业规划（2025年以后）	
目标	创新方法，积累经验，成为幼儿园的业务骨干。带头组建足球特色教学团队，带动所在的幼儿园成为足球特色幼儿园。
实施方案	① 在工作过程中，不断提高自己的工作能力；在团队管理中，提高自己的管理能力。 ② 继续发挥自己的足球特长，组建足球特色教学团队。通过开展幼儿足球活动，培养幼儿的运动兴趣和综合运动能力，增强体质，提高幼儿动作的协调性、灵活性和大胆、自信、勇敢的个性心理品质，促进幼儿身心和谐发展。

应万变 》》

　　我的长远目标是成为一名将足球运动与幼儿日常活动结合起来的教师，带领我的团队，创造幼儿园特有的足球文化。我深知，虽然这个规划可行性比较高，但是前面的道路是未知的，途中会有很多不可抗拒的干扰因素，我要做好充分的准备来应对各种困难。因此，我会针对专业特点，做出适当的方案调整。

若我的领导对幼儿足球活动重视不够的话，我会与他积极沟通，将相关活动方案进行完善，将足球运动对促进幼儿在情感、技能、兴趣等方面发展的重要性和领导进行探讨。相信我的努力坚持和热情真诚会转变领导的想法，获得支持。

若足球运动在幼儿日常活动中开展起来有困难的话，我会积极面对困难，找到问题所在，并依靠团队的力量，多学习、多请教，及时补充专业知识，坚持初心，努力取得成效。

结束语 〉〉

我感激时光将我打磨成这样一个人：爱生活，爱足球，爱孩子。幼儿园虽小，但舞台很大，只要扎实地做好每一件小事，就能在平凡的岗位上创造出不平凡的成绩。我希望在学前教育这片广袤的土地上，用自己的热情与执着坚持做好每一件事，并在这个过程中实现我的足球梦，收获我人生的花开和硕果，成就我的出彩人生梦！

作品说明

在实现中国梦的伟大实践中创造千千万万当代中国青年的精彩人生，是时代赋予一代青年的宏大际遇。如果个人的职业选择，既能满足个人的物质需要和精神需要，又能为社会做贡献，才是最佳的选择。这样我们既能从中获得职业幸福感，又能担当起时代赋予我们的伟大使命。

作者热爱足球，擅长足球。作为学前教育专业的学生，他的职业生涯规划是将足球运动和足球文化带入幼儿园。通过开展幼儿足球活动，培养幼儿的运动兴趣和综合运动能力，增强体质，提高幼儿动作的协调性、灵活性和大胆、自信、勇敢的个性心理品质，促进幼儿身心和谐发展。

为此，作者从认自我、抓机遇、树目标、立匠心、应万变等六个方面，认真规划了自己的职业生涯，分析优点、缺点、机遇和挑战，制订了切实可行的行动措施，让自己忙得有意义，忙到"点子"上。

这份职业生涯规划书是作者对自己的梳理和小结，更是规划和指示灯，可以让其更有目标地学习、工作和生活。

【指导教师　张乐真】

第三章

设计生涯　手绘未来

很多时候，我们之所以成功，是因为成功在起点，而非终点。在现实生活中，很多人的职业理想最终都没有得到实现，究其原因，有些是目标设定不准确所致，有些是目标实施过程出现偏差所致，有些是没有及时检讨并修订规划所致。要赢在起点，就要设计制订适合自己的职业生涯规划，为我们实现职场梦想规划清晰的路线图。每个人都应该是自己人生的规划者和耕耘者。想要拥有精彩的人生之旅，就要精心地设计旅程。只有精心准备的旅行才会令人惬意，也只有科学规划的人生才会更精彩。

如果不知道要到哪儿去，那么通常你哪儿也去不了。你想成为千里马吗？那就开始设计自己的生涯规划吧。科学了解自我，客观欣赏自我，努力超越自我。走一步，用目标点亮人生；看两步，生涯规划分步走；想三步，用行动验证措施。只要不断付诸实践，与时俱进，调整规划，就会成就自己的人生！走好了，你就是千里马！

第一节　脚踏实地定目标

成长的足迹：

通过前面的学习，王青更加了解了自我，了解了行业、职业与专业。回首过去，王青看到了自身的优势和不足；面对未来，王青充满希望与憧憬。今天，王青从老师那里知道，新一届全国"文明风采"大赛中的"职业生涯设计"比赛就要拉开帷幕了。王青跃跃欲试，想把自己的想法落实到书面上，更好地审视自己，并督促自己更快地进步。但是职业生涯规划书是一个"大作文"，既要有平日的积累，又要有规范的表述。王青有了新的困惑：到底一份好的职业生涯规划书要包含哪些内容？职业生涯规划又要如何确定符合自己和社会需求的目标呢？

一、职业生涯发展目标确立的重要性

自己到底适合做什么，人生的目标是什么？这是每个人都需要考虑的问题。确立目标是进行职业生涯规划的第一步。当一个人没有明确的目标的时候，自己不知道该怎么做，那别人也无法帮助你。要想得到帮助，就先要自助。当自己没有清晰的目标方向的时候，别人说得再好也是别人的观点，不能转化为自己的有效行动。确立目标的过程实际上是以自我设定目标为结果的自我认知、自我赞同、自我承诺、自我实现的过程。

连线职场 》》》

有人曾请教索柯尼石油公司人事经理保罗·波恩顿说，"今天的年轻人求职时，最容易犯的错误是什么？"他的回答是"不知道想要什么"。这个回答看似令人惊奇，细细想想很多同学也是这样的情况，花在思考自己将来要干什么上的时间比玩游戏的时间要少得多。现任美国家庭产品公司副总裁卡尔

夫也曾说过，"在我看来，世界上最大的悲剧莫过于有太多的年轻人从来没有发现自己真正想做什么。想想看，一个人在工作中只能赚到薪水，其他的一无所获，这是一件多么可悲的事情啊！"

"知道自己想要什么"是所有人都必须面对的问题。人必须有一个正确的方向，无论你多么意气风发，无论你多么足智多谋，无论你花费了多大的心血，如果没有一个明确的方向，就会过得很茫然，渐渐就丧失了斗志，忘却了最初的梦想，就会走上弯路甚至不归路，枉费了自己的聪明才智，耽误了自己的锦绣芳华。

人生故事 》》

看不见的目标

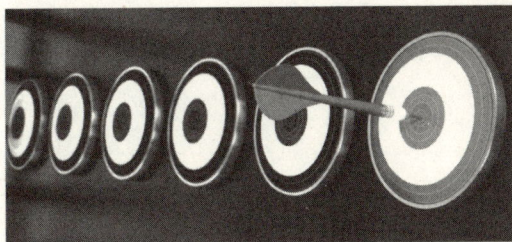

1952年7月4日清晨，美国加利福尼亚海岸涌起了浓雾。在海岸以西约35千米的卡塔利娜岛上，一个43岁的女人准备从太平洋游向加州海岸。她叫弗洛伦丝·查德威克。

那天早晨，雾很大，海水冻得她身体发麻，她几乎看不到护送她的船。时间一个小时一个小时地过去，千千万万人在电视上看着。有几次，鲨鱼靠近她了，被人开枪吓跑了。15小时之后，她感觉又累又冷。她知道自己不能再游了，就叫人拉她上船。她的母亲和教练在另一条船上，他们都告诉她海岸很近了，叫她不要放弃。但她朝加州海岸望去，除了浓雾什么也看不到……

人们拉她上船的地点，离加州海岸只有1千米！后来她说，令她半途而废的不是疲劳，也不是寒冷，而是因为她在浓雾中看不到目标。弗洛伦丝·查德威克一生中就只有这一次没能坚持到底。但是，两个月后，她成功地游过了同一个海峡，她不但是第一个游过卡塔利娜海峡的女性，而且比男子的纪录还快了大约两个小时。弗洛伦丝·查德威克虽然是游泳好手，但也需要看到目标，才能鼓足干劲完成她有能力完成的任务。

想一想：弗洛伦丝·查德威克为什么第一次没有游过卡塔利娜海峡？这个故事给你什么启示？

目标要看得见、够得着，才能成为一个有效的目标，才会形成动力，帮助人们获得自己想要的结果。目标是心中的罗盘，目标就像猎手瞄准猎物，只有锁定目标，才有可能成功。

名人名言 >>

一心向着自己目标迈进的人，整个世界都会给他让路。

——艾默生

有一说一 >>

美国哈佛大学有一个非常有名的关于目标对人生影响的跟踪调查。对象是一群智力、学历、环境都差不多的年轻人，调查结果如下。

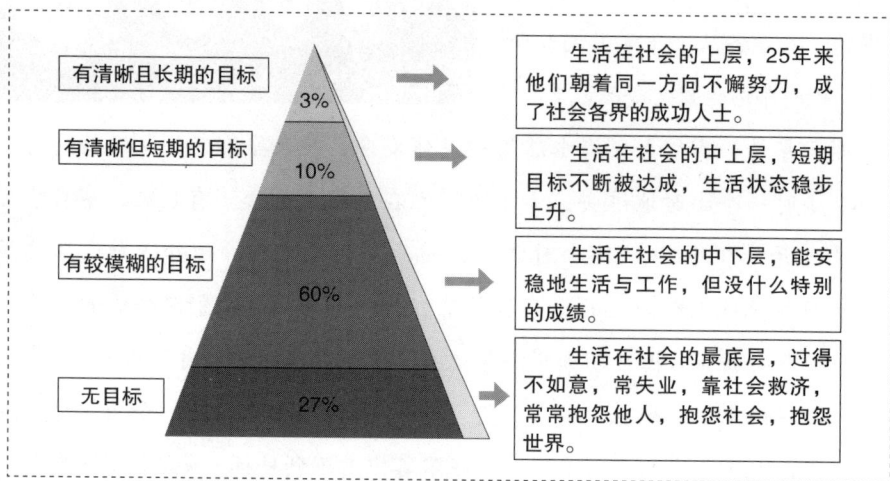

想一想：看了这些数据，你有什么感想？你想成为什么样的阶层？你认为目标对人生的积极作用和意义有哪些？

目标对人生有着巨大的导向性作用。普罗塔戈说："头脑不是一个要被填满的容器，而是一把需要被点燃的火把。"只有点燃了学生理想的火苗，才会让他们心怀梦想，志存高远，迎接未来精彩的人生。

二、职业生涯发展目标的构成

职业生涯规划首先要有一个总的目标，即人生目标。人生目标是整个职业生涯的总规划，是设立整个人生约40年的发展目标。也就是说，今生今世你想干什么？

人不可能取得自己从不企求的成就。虽然一个想当元帅的士兵，不一定就能成为元帅，但是一个不想当元帅的士兵，永远不可能成为元帅。

目标愈高远，人的进步愈大。

——高尔基

我们都有这样的体会：如果确定只走10千米路程，走到七八千米处便会因松懈而感到很累，因为目标快到了；但如果要求走20千米，那么在七八千米处可能正是斗志昂扬之时。目标远大，才能充分发掘你的潜能。

作家乔治·巴纳说："远见是在心中浮现的将来的事物可能或者应该是什么样子的图画。"远见就是看清自己的远大目标，远见告诉我们可能会得到什么东西。远见召唤我们去行动，目标越远大，意志才会越坚强。没有远大的目标，就没有动力。只有目标坚定的人才能坚忍不拔，忍痛前行。

学以致用 》》

我的人生目标

—— 全国"文明风采"竞赛获奖作品节选

日新月异，色彩斑斓，当今时代是一个彩色的时代。我从小就是一个对色彩有着特别好奇和敏感的女孩，善于将自己的各种构思跃然纸上，家里墙壁上那些栩栩如生的唯美画面是我的杰作，教室里剪裁描绘的各种图案是我的灵感。所以，我立志当一名出色的家居设

计师，让彩色的人生扑面而来，让自己成为这个行业最亮丽的那一抹色彩！

——家居设计专业　周媛

每个人都应该是自己人生的规划者和耕耘者。想要拥有精彩的人生之旅，就要精心地设计旅程。只有精心准备的旅行才会令人惬意，也只有科学规划的人生才会更精彩。在我的人生道路上，我就像是一只默默无闻的小蜗牛，但我愿意一步一个脚印，按照自己的人生轨迹慢慢地前行，即使再大的风雨，我也不会放弃。我的人生目标就是成为一名优秀的列车长，在高速飞驰的高铁上，为我的旅客服务。相信我会用自己的合理规划，登上自己人生金字塔的顶峰。

——列车乘务专业　隋晓

职业生涯发展目标不是单一的，而应该分为多个层次，按时间长短可分为长期目标、中期目标和短期目标。

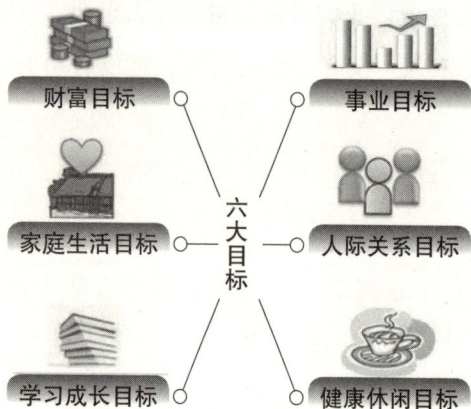

财富目标　事业目标　家庭生活目标　六大目标　人际关系目标　学习成长目标　健康休闲目标

每一个小目标都是人生目标的分解，都是远大目标的"基因"和缩影，而每一个小目标的变化和调整，都会对整个目标体系产生影响。成功目标不应该是孤立的。如果各个目标之间是各自分离、没有联系的，最终的效果只是各目标的简单相加。古人曾说："不谋万世者，不足谋一时；不谋全局者，不足谋一域。"因此，成功目标应该是一个目标体系，即人生目标统领下的各个长期、中期、短期目标，或者大目标之下的各类中小目标构成一个有逻辑的、合理的集合。

长期规划：一般为5～10年的规划，主要设定较长远的目标，比如规划30岁时成为一家中型公司的部门经理，规划40岁时成为一家大型公司的副总经理等等。

中期规划：一般为2～5年的规划，比如拿到高一级的学历，拿到职业资格证书，到不同业务部门做经理等等。

短期规划：一般为1～2年的规划，比如掌握哪些知识，增强哪些技能，去什么样的单位工作等等。

三、职业生涯规划目标制定的原则

职业生涯设计有"四择"，即"择己所爱、择己所长、择世所需、择己所利"。制定职业生涯规划目标，应遵循以下原则。

一是与时俱进原则。个人的目标要与社会和国家总体发展目标相符合。作为青年一代，我们要胸怀远大理想，自觉地把个人理想追求融入国家和民族的事业中。社会的需求是不断演变的，旧的需求不断消失，新的需求不断产生。从前的热门职业到现在可能无人问津。选择目标的时候，要注意关注社会动态、职业变迁。要根据外部和内部环境的不断变化，随时做出调整和修正。所以，目标的选择要"择世所需"。

二是实事求是原则。目标的制定要恰到好处，适合自己。很多时候，我们所盼望的东西不一定真正适合我们，往往为了满足父母的期待，或是迎合别人的眼光而委屈了自己。人的一生有很多美丽的诱惑，正如世间有太多好看的鞋子一样，我们所选择的只是适合自己的一双。一件东西、一项职业，抑或一生的选择，并不在于它是否美丽奢华、令人羡慕，而是在于对自己是否真的适合。就像鞋子一样，合不合脚只有自己最清楚。目标的选择要"择己所爱、择己所长、择己所利"。

三是具体清晰原则。有的人打算决心干一番事业，而对于具体干什么，其实并不清楚。这就等于没有明确的目标。还有的人自以为有目标，这就可能造成假象，虽投入了时间、精力和资金，却起不到"攻击"目标的作用，多年过去了还是一事无成。目标就像射击的靶子一样，要清清楚楚地摆在那里。对于多大年龄实现什么目标、干成什么事业，要清清楚楚地知道。如果目标含糊不清，就起不到目标的作用。

知识卡片

确立目标"三定"原则

1. "定向"：定职业方向。

2. "定点"：定职业发展的地点。

3. "定位"：定自己水平、能力、薪资期望。

除了这"三定"，还有很重要的"一定"，就是"定心"。

确立目标值得注意的问题：

（1）不能没有方向，不能同时有很多方向，也不能总改方向。

（2）成功的最佳目标不是最有价值的那个，而是最有可能实现的那个。

（3）放弃"我不行"的念头。青年是一个可塑性强的时期，往往有许多潜能被自己以各种理由忽略和否定。

（4）淡化自己的弱点和缺陷。不管自己有何弱点和缺陷，都要坚信只要自己努力，就能够取得非凡成就。

（5）目标要留有余地。生涯目标要留有余地，比如在实现目标的时间安排上，不要过急、过满或过死。

学以致用 》》

发掘出你的人生终极目标

现在的你有没有职业理想？如果不想虚度你的人生，不想让你的人生碌碌无为，那就赶紧制定你的生涯目标吧。利用前面所学的知识，结合自身和专业特点，在对自我和环境进行分析的基础上，设定你的生涯规划的总体目标。请用一段话来描述并简单说明理由。

职业生涯的总体目标

第二节 分步规划建阶梯

成长的足迹：

　　王青在老师的耐心指导下，开始了生涯规划书的撰写，他仿佛看到人生的梦想在向他招手。为了实现自己的终极目标，王青一定不会放弃努力！他也深知要达成最后的目标，必须一步一步去实现，需要通过努力不断缩小与目标之间的差距。哪一个阶段目标是最重要的？制定阶段目标有哪些需要注意的问题？制定阶段目标可以采用哪些形式和方法？这些又成了王青需要面对和解决的新问题。

　　　　我要一步一步往上爬，
　　　　等待阳光静静看着它的脸，
　　　　小小的天有大大的梦想，
　　　　重重的壳裹着轻轻地仰望。
　　　　我要一步一步往上爬，
　　　　在最高点乘着叶片往前飞，
　　　　任风吹干流过的泪和汗，
　　　　总有一天我有属于我的天。

　　这是周杰伦的歌曲《蜗牛》中的歌词，它告诉我们人生要有梦想，还要有一步一步去实现梦想的分步规划，制定不同阶段的目标，逐一实现人生的总体规划。一步一步地搭建阶梯，方能到达成功的彼岸。

一、设计阶段目标

人生故事 》》

施瓦辛格的职业规划

　　五十多年前，一个十几岁的穷小子，身体非常瘦弱，却在日记里立志长大后做美国总统。如何能实现这样宏伟的抱负呢？经过思索，他拟订了一系列目

标：做美国总统首先要做美国州长——要竞选州长必须得到雄厚的财力后盾的支持——要获得财团的支持就一定得融入财团——要融入财团最好娶一位豪门千金——要娶一位豪门千金必须成为名人——成为名人的快速方法就是做电影明星——做电影明星前得练好身体并练出阳刚之气。

按照这样的思路，他开始行动。某日，当他看到著名的体操运动主席库尔后，他相信练健美是强身健体的好点子。他开始刻苦而持之以恒地练习健美，渴望成为世界上最结实的壮汉。三年后，他拥有了一身酷似雕塑的强健体魄。在以后的几年中，他囊括了各种世界级的"健美先生"称号。22岁时，他踏入了美国好莱坞。在好莱坞，他花费了十年时间，利用自身优势，刻意打造坚强不屈、百折不挠的硬汉形象。终于，他在演艺界声名鹊起。当他的电影事业如日中天时，女友的家庭在他们相恋九年后，也终于接纳了这位"黑脸庄稼人"。他的女友就是赫赫有名的肯尼迪总统的侄女。

2003年，年逾57岁的他退出影坛，转而从政，成功竞选为美国加州州长。他的下一个目标就是美国总统。他就是阿诺德·施瓦辛格。

想一想：施瓦辛格的生涯规划给了你什么启示？施瓦辛格身上有哪些值得你学习的地方？

施瓦辛格的经历告诉我们：科学规划，分步完成，就有成功的可能。从这个职业规划案例可以看出，职业规划制订得越早、步骤越详细，越能早日实现自己的梦想。不管这个目标多么艰难、自己的现实和理想之间相差多远，只要自己有恒心、有切实可行的计划，并一步一个脚印踏踏实实地去完成，就一定能实现自己的远大理想。

人生的总体目标就像是一项庞杂的事务，处理起来很容易出现本末倒置、拖沓延长的现象。成功把握住大目标的秘诀在于，将之分解为一个个小目标，安排好时间，逐一攻破。将长远目标分解为多个容易达到的阶段目标。每达到一个阶段目标，我们就会体验到成功的喜悦与自信，这种喜悦与自信会促使我们进一步挖掘潜能去实现下一个目标。

1. 阶段目标的特点

一是"跳一跳"，所设立的目标要通过付出努力才能实现，而不是轻而易举就能达到。只有高要求的目标才能激励我们尽最大的努力。不要把目标制定得过于容易实现，那样只是在欺骗自己。

二是"够得着"，目标不能脱离自身条件和客观实际。不要把目标制定得不切实际的高，那样只会打击自己的积极性，让自己很累甚至放弃。

三是"可衡量"，目标的制定要让自己明确，为实现这个目标到底需要从哪几个方面做出哪些具体的努力。要让你很清晰地知道自己该怎样做，达到什么程度才算完成目标。最好有可以量化的指标，如"好好学习"这个目标就很难量化，如果制订为"期末考试进入前10名"就比较容易考核和量化。

四是"有期限"，一个有效的目标必须有期限。期限在制定目标时发挥着重要作用，它可以给你一种紧迫感，帮你跟进目标进度。没有期限的目标只是一个梦。

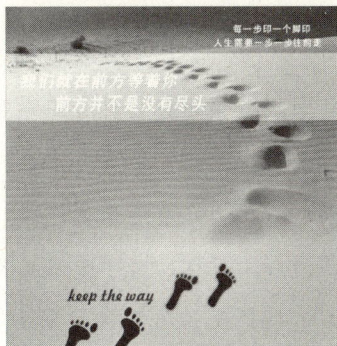

名人名言 》》

人要有生活的目标：一辈子的目标，一段时期的目标，一个阶段的目标，一年的目标，一个月的目标，一个星期的目标，一天的目标，一个小时的目标，一分钟的目标，还得为大目标而牺牲小目标。

——列夫·托尔斯泰

2.阶段目标的四要素

一是"什么"，即具体的职位、技术等级等。

二是"何时"，即什么时间达到。

三是"内涵"，即该职位对从业者素质的具体要求。

四是"机遇"，即达到此目标应有的外部环境，以及环境变化后的调节手段或备选方案。

知 识 卡 片

阶段目标的设计要领

第一，明确分段数量。在分段数量上，可以分为近期目标和中期目标，也可以分为 3～5个阶段，甚至更多。

第二，确定表现形式。在表现形式上，可以用简图、文字叙述、表格等。

短期规划　　中期规划　　长期规划

第三，巧用分段方法。在分段方法上，既可以按职业晋升设计自己的阶段目标，也可以按职业资格标准的提升或按时间设计。

学以致用 》》

获奖生涯规划作品展示：阶梯构建

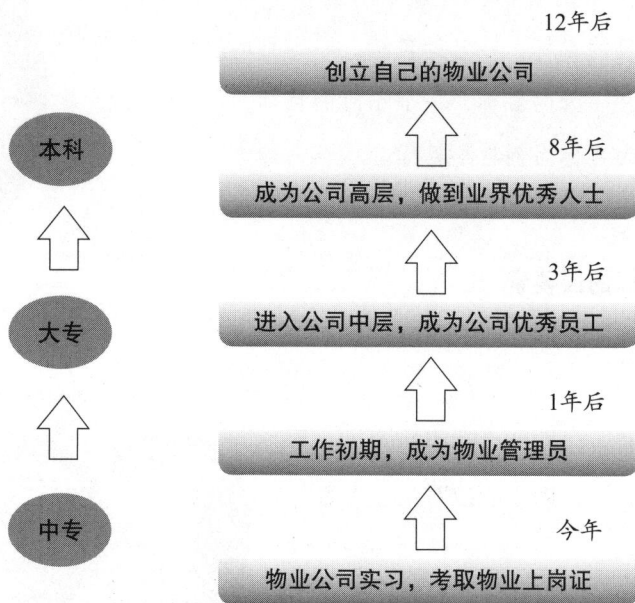

12年后
创立自己的物业公司

本科

8年后
成为公司高层，做到业界优秀人士

3年后
进入公司中层，成为公司优秀员工

大专

1年后
工作初期，成为物业管理员

今年
物业公司实习，考取物业上岗证

中专

我的职业生涯发展示意图

——物业管理专业　王赛

构建我的职业阶梯

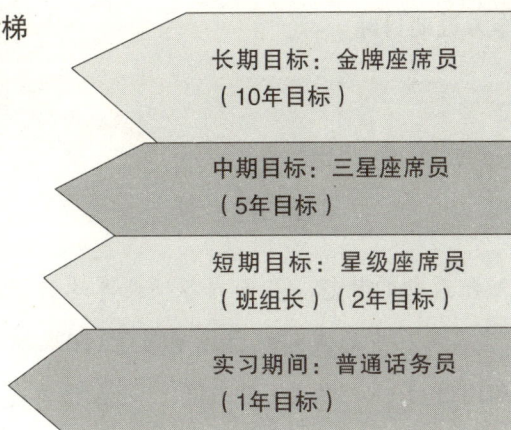

长期目标：金牌座席员
（10年目标）

中期目标：三星座席员
（5年目标）

短期目标：星级座席员
（班组长）（2年目标）

实习期间：普通话务员
（1年目标）

现在的我（高二通信专业学生）

——通信运营专业　周洁

二、近期目标面面观

近期目标是职业生涯规划中最重要的阶段目标，制定要领如下。

1. 千里之行，始于足下

近期目标是迈向职业生涯的第一个台阶，应该是通过努力一定能达到的目标。我们要让自己在攀登第一步时能品尝到成功的喜悦，增强自信。

名人名言 〉〉

凡事都要脚踏实地去做，不驰于空想，不骛于虚声，而惟以求真的态度做踏实的功夫。以此态度求学，则真理可明；以此态度做事，则功业可就。

——李大钊

2. 求真务实，激励斗志

务实的近期目标，并不是"低标准"的目标。它应该具有持续性、发展性的特点，并能为一生的职业生涯发展奠定基础。同时，还要有激励斗志的效果，既要为树立自信创造条件，也要为实现长远目标增添动力。

3. 谋在一时，指向明确

不同年级的学生，近期目标应有所不同。低年级的学生可以把学习成绩、应取得的职业资格证书或优秀毕业生作为近期目标，高年级的学生可以把就业的目标岗位或升学的具体院校作为近期目标。

人生故事 〉〉

刘翔的跨栏梦

全运会冠军是刘翔最初的梦想。在国内各项比赛均获得冠军之后，刘翔走向了世界。2002年，不满20岁的刘翔就打破了男子110米栏的世界青年纪录；2003年世锦赛，刘翔闯进110米栏决赛；2004年，他在雅典奥运会上夺得金牌，还平了世界纪录12.91秒；2006年7月在洛桑田径超级大奖赛上，他又跑出12.88秒的好成绩。刘翔完成奥运会、室外世锦赛、室内世锦赛、世界纪录大满贯。但在2008年初田径室内世锦赛摘金之后不久，他的跟腱就出现了不适。2008年北京奥运会，刘翔因伤放弃了职业生涯最关键的一场比赛，中国代表团也丢掉了最想拿的一块金牌。

之后的刘翔依然渴望重回赛道，并期待参加在韩国仁川举行的亚运会。刘翔说道："虽然我已经30岁了，不再年轻了，但是我还有一个田径的梦，我希望重回跑道，自己努力吧。"刘翔为了参加伦敦奥运会，手术后大部分时间封闭苦练，几乎不参加商业活动。2011年世锦赛，他竟然重返巅峰，要不是罗伯斯拉手犯规，刘翔就将再次斩获世界冠军头衔；2012年室内世锦赛，刘翔又摘得银牌，同年在世界钻石联赛上又追平世界纪录。由于高强度的训练和比赛导致旧伤复发，在2012年伦敦奥运会赛场上，刘翔没能完成比赛，但他仍顽强地用单脚跳完了赛程。

想一想：如果在北京奥运会上，刘翔按照许多人的想法，坚持忍痛参加完比赛，后果会怎样？刘翔的成功与伟大，给你什么启示？

人生如棋，高明的棋手重视获取，也懂得放弃，有时需要丢卒保车，有时也需要丢车保帅。生活的艺术，也是放弃的艺术。有时为了实现大的目标，也需要舍弃小的目标。

三、查漏补缺缩差距

围绕近期目标补充发展条件，要着力于分析自己达到近期目标所具有的优势和差距，主要包括个性、道德水准、日常行为习惯、知识和技能等方面。分析的目标有两个：一是进一步挖掘自己的优势，强化发展自己的自信心；二是明确自己与近期目标之间存在的差距，为制订"补短"的发展措施打基础。

人生不同阶段
At different stages of life

1.了解今天的我

可以写出自己的专业特长、兴趣爱好、性格特征、能力潜质，近年职业兴趣的变化及原因，成功和失败的经历等等。最后，根据记录的情况给自己做出评价。

2.预测未来的我

在现有的基础上，对自己通过努力可能获得的进步进行分析。这既是确定职业生涯目标的重要依据，也是制定目标并实现规划的基础。

明天是一片待垦的荒原，努力者会让它生机勃勃、美丽如画。明天是没有尽头的时间隧道，若要明天会更好，今天的我们就必须全力以赴。

学以致用 》》

在确立职业目标的前提下，参考有关的职业生涯规划获奖作品，为自己的职业生涯发展画一个示意图。可以在下图中标记，也可以自己设计。

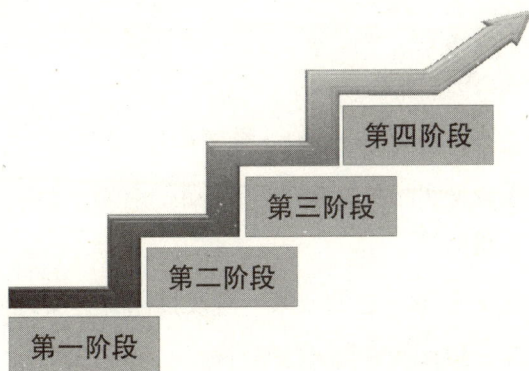

我的职业生涯发展示意图

第三节 积极行动验措施

成长的足迹：

根据前面的学习，王青制定了自己生涯规划的总体目标和分段目标，未来越来越清晰地展现在他的面前，他时常会闭上眼睛想象十年后的自己会是什么样子，在做着什么样的工作……他许了自己一个明天，却也深知"今天的我"离"明天的我"还是有很大的差距，积极行动才是目标实现的良药。而王青也认识到自己虽有许多想法，但缺少行动的具体措施，缺少管理时间的有效方法。希望通过本课的学习能让他从中找到答案。

一、措施保障发展

没有具体措施的规划只是一个美好的梦想。制订职业生涯行动的措施就是要制订实现职业生涯目标的行动方案，要有具体的行为措施来保证。否则，规划就只能是一纸空文。措施的制订要把握细节，细节决定着你能否实现你的梦想、达成你的目标。

1. 措施制订的三个要素

任务：完成目标的具体任务和方法。

标准：完成任务的标准。

时间：目标完成的期限和落实措施的时间进度。

2. 措施制订的三个要领

具体：指措施的内容要真实、明确。

可行：指措施要符合自身和外部条件，便于操作。

针对性强：指注重自身实际与目标之间的差距，针对差距制订措施。

3. 措施制订的三个思路

一是"近细远粗"，指的是近期或第一阶段目标要更加具体详细，因为第一阶段是最重要的阶段目标，而且是最先执行的目标。

二是"前后衔接"，指的是前后阶段的措施要有连贯性，前一阶段目标要为下一阶段目标做铺垫，下一阶段目标要在前一阶段目标的基础上有所延伸和提升。

三是"弥补差距"，指的是要找到"现实的我"和"岗位中的我"之间的差距，并针对差距制订知识、能力等方面的提升措施。

学以致用 》

职业生涯规划获奖作品展示：职业生涯规划实现的措施和步骤

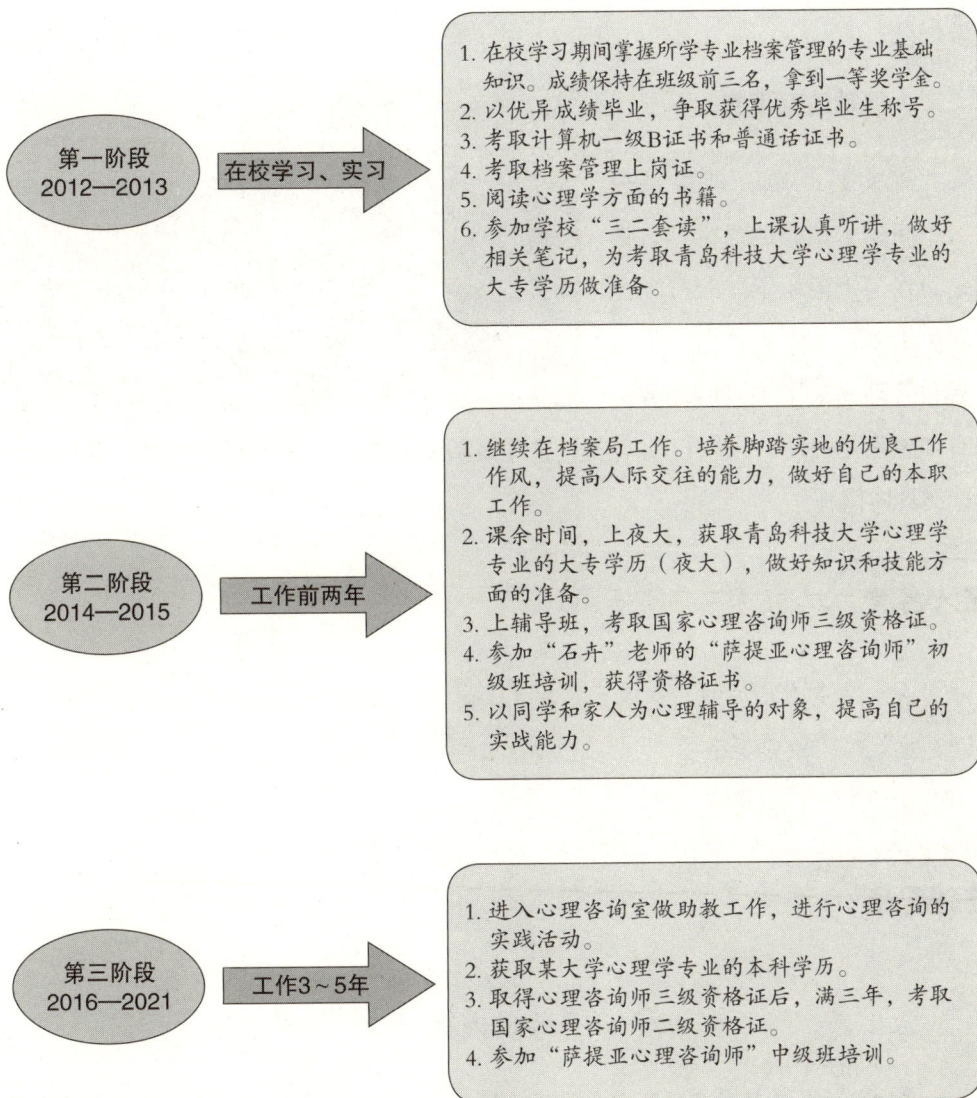

第一阶段
2012—2013

在校学习、实习 →

1. 在校学习期间掌握所学专业档案管理的专业基础知识。成绩保持在班级前三名，拿到一等奖学金。
2. 以优异成绩毕业，争取获得优秀毕业生称号。
3. 考取计算机一级B证书和普通话证书。
4. 考取档案管理上岗证。
5. 阅读心理学方面的书籍。
6. 参加学校"三二套读"，上课认真听讲，做好相关笔记，为考取青岛科技大学心理学专业的大专学历做准备。

第二阶段
2014—2015

工作前两年 →

1. 继续在档案局工作。培养脚踏实地的优良工作作风，提高人际交往的能力，做好自己的本职工作。
2. 课余时间，上夜大，获取青岛科技大学心理学专业的大专学历（夜大），做好知识和技能方面的准备。
3. 上辅导班，考取国家心理咨询师三级资格证。
4. 参加"石卉"老师的"萨提亚心理咨询师"初级班培训，获得资格证书。
5. 以同学和家人为心理辅导的对象，提高自己的实战能力。

第三阶段
2016—2021

工作3～5年 →

1. 进入心理咨询室做助教工作，进行心理咨询的实践活动。
2. 获取某大学心理学专业的本科学历。
3. 取得心理咨询师三级资格证后，满三年，考取国家心理咨询师二级资格证。
4. 参加"萨提亚心理咨询师"中级班培训。

> **第四阶段**
> **2022—2030** → **工作6～10年**
>
> 1. 继续从事心理咨询师的咨询工作，多向同行请教，到北京和上海参加培训，进一步提升自己的技能水平。
> 2. 继续参加"萨提亚心理咨询师"督导师培训，获得萨提亚督导师资格证书。
> 3. 多看心理咨询方面的书籍，特别是个案分析方面的，成为一名优秀的心理辅导师。
> 4. 自学企业管理学，多方面筹集基金，为下一步开办自己的心理咨询室做好准备。

读了这位同学的职业生涯规划的实施措施，说一说他是从哪几个方面制订措施的。你还可以从其他哪些方面制订措施？你觉得这些措施的设计还有哪些值得你借鉴的地方？

二、行动改变现实

"现实是此岸，理想是彼岸，中间隔着湍急的河流，行动则是架在河上的桥梁。"行动比心动更重要。一个人在确定了目标后，行动便成了关键的环节。

ACTION
行动改变现在 思想决定未来
在思考中行动，使足尖有方向感，使行动更准确和深刻，并让思想在现实中开花结果。

拥有梦想只是心动，采取行动实现梦想才是关键所在。这里所说的行动，是指落实目标的具体措施。

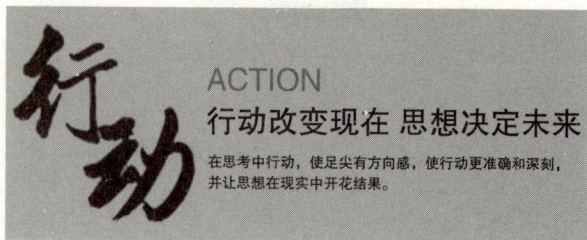

> **名人名言** 》

人生来是为行动的，就像火总向上腾，石头总是下落。对人来说，一无行动，也就等于他并不存在。

——伏尔泰

> **连线职场** 》

行动的力量

成为一名优秀的幼儿教师，是王丽的梦想。令她万万没想到的是，她心仪的这家知名幼儿园给她的第一份工作是保洁。面对人生实战的真正考验，一向不服输的她沉默了一会儿，还是答应了。于是，她给自己制定了工作标准——及时清理，地面光洁，清新怡人。她每周坚持写周记，记录自己的心得感悟和工作变化，进行自我激励和鞭策；同时，她把自己的工作经历及个人认识及时与父母朋友交流，听取他们的意见。三个月下来，正当她发现自己对工作的态度由原来的不服输变成了欣然接受时，园长却给她调换了工作岗位，才有了她今后的发展……

说一说：

1. 初入职场的王丽在实战中遇到了考验，她是怎么做的？

2. 王丽的经历给你什么启示？

没有行动的目标只是空想而已，只有行动才能决定下一秒你的未来。虽然行动不一定会成功，但不行动则一定不会成功。

人生故事 》》

人生没有太晚的开始

提起陶华碧或许很多人不知道，但是提起"老干妈"辣酱却没有几个中国人不知道。"老干妈"的知名度不仅在中国，而且在外国也是响当当的，是我们引以为傲的中国品牌。

现在的陶华碧无疑是成功的，每天200万瓶的销售量，从一穷二白到一年销售收入几十亿元。这些成功的背后，却有着心酸的奋斗史。

由于交通不便，做米豆腐的原材料当时最近也要到5公里以外的油榨街才能买到。每当需要采购原材料时，陶华碧就背着背篼，赶最早的一班车到油榨街去买。由于那时车少人多，背篼又占地方，驾驶员经常不让她上车，于是她大多数时候只好步行到油榨街，买完原材料后，再背着七八十斤重的东西步行回龙洞堡。由于常年接触做米豆腐的原料——石灰，到现在，她的双手

一到春天还会脱皮。她曾经举过八磅锤，背过黄泥巴，背100斤才赚3角钱……但是陶华碧坚持下来了，她从一个作坊做起，企业规模从20多人发展到如今的2000多人，这不是一般人能做到的。生活给她的困难，她默默地扛起来，从不埋怨。她文化不高，只会写自己的名字，而她对企业管理却有着惊人的天赋。虽然如此，她也利用时间活到老学到老，完善自己的品牌，研制新的品种。这样就有了后续的麻辣酱系列。

想一想：陶华碧的奋斗史背后有哪些值得你学习的地方？

所以，不要小看坚持，每天进步一点点，365天后，你将脱胎换骨！

$$1.01^{365}=37.8$$

陶华碧的成功看似偶然，但也必然。她坚持的就是要做一个"吃饭拿出来，饭后拿下来"的辣椒酱。在很多人眼里，这不是可有可无的调味品，而是如影随形的开胃菜。是的，陶华碧成功了，但她的成功不仅仅是因为拥有巨额财富，更因为她是中国人创业的标本，她的行为，她的执着，更值得我们尊重。

在人生道路上，选择很重要，选得好，你可以走上捷径，可能用不了几年就能出人头地，而选得不好，可能终生也到达不了胜利的彼岸。对于很多人来说，选择并不难，难的是对目标的坚持，比如遇到困难的时候能否坚持，感到迷茫的时候能否坚持，别人说三道四的时候能否坚持。"重在行动，贵在坚持。"机遇只会青睐有准备的人，成功者之所以成功，是因为他们都在不断地学习，不断地充实自己，让自己在机遇到来之时能够有最大的把握来掌控机遇。每天读半小时书，每天做一小时运动，每天进

每天退步一点点，365天后，你将……

$$0.99^{365}=0.03$$

2003年比利时《老人》对60岁以上老人调查

你最后悔什么？

- **72%**：后悔年轻时不够努力，以致事业无成
- **63%**：后悔对子女教育不够或方法不当
- **58%**：后悔没有重视健康
- **56%**：后悔对伴侣不够忠诚
- **47%**：后悔对双亲尽孝不够
- **41%**：后悔"嫁错郎、娶错妻"
- **36%**：后悔自己未能环游世界
- **32%**：后悔自己一生平淡，缺乏刺激
- **11%**：后悔没有赚到更多的钱

他们的答案也许就是你60岁时的答案！

步一点点，一年积攒下来，你会有惊人的发现。

成功者不一定都是聪明人，但都是凭借惊人毅力坚持下来的人。人生如同一条河流，它静静地流着，有时激越，有时舒缓，于不经意间收获最美的风景。动手去做，打破空想也许是"只为成功找方法，不为失败找借口"最简单但又最有意义的启发。动手慢慢做，困难得以征服，自我得以超越。于是，托特建成了贯穿巴拿马的铁路；乔治挖出了法国人挖不出的运河；身无分文的洛克菲勒成了百万富翁。怀有梦想的人很多，但实现梦想的人太少，最伟大的力量在于行动。

三、时间成就生命

人生没有彩排，每一天都是现场直播。人生不是一场电子游戏，输了就无法选择重来。时光流逝一去不复返，每一天都不可追回，所以更要珍惜每一寸光阴，做好职业生涯规划的时间管理。

名人名言 》》

时间是无声的脚步，不会因为我们有许多事情需要处理而稍停片刻。

——莎士比亚

有一说一 》》

朱自清曾在他的《匆匆》一文中说过："洗手的时候，日子从水盆里过去；吃饭的时候，日子从饭碗里过去；默默时，便从凝然的双眼前过去。我察觉它去得匆匆了，伸出手遮挽时，它又从遮挽着的手边过去。天黑时，我躺在床上，它便伶伶俐俐地从我身上跨过，从我脚边飞去了。"现在的你们是否有这样深切的体会？时间已在不知不觉中匆匆溜走，时间总是在不知不觉中溜走。回想我们的初中生活，是不是眨眼就过去了呢？以小组为单位，找一找日常生活中存在哪些浪费时间的行为和现象。

时间是最宝贵的，同时也是最容易被忽略的。有了好的职业生涯规划，必须抓紧时间去实现它，学会珍惜青春的时光。

有人说，人的一生有三天：昨天、今天和明天。这三天组成了人生的三部曲。但也可以说人的一生是由无数的今天构成的，因为昨天已然过去，明天尚未到来。不会珍惜今天的人，既不会感怀昨天，也不会憧憬明天。生命的内涵就是珍惜今天。把每一个今天过好，就是我们最大的成功。珍惜时间会让你做时间的主人，珍惜时间会让你的人生变得绚丽多彩。

知识卡片

四象限法则

四象限法则是时间管理理论的一个重要观念，是由著名的管理专家史蒂芬·柯维提出的一个时间管理理论。该理论最重要的内容就是把事情按照重要和紧急程度划分为四个象限：重要且紧急、重要但不紧急、不重要但紧急、不重要且不紧急。

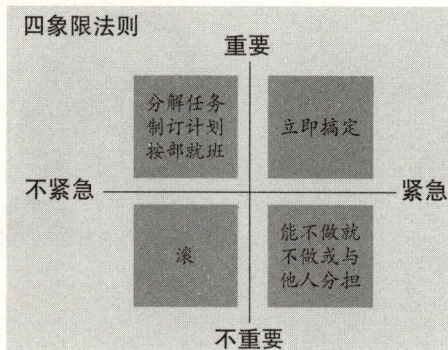

四象限法则

	重要	
分解任务制订计划按部就班		立即搞定
不紧急		紧急
滚		能不做就不做或与他人分担
	不重要	

1. 第一象限：立即去做

重要且紧急的事情，立即去做，比如即将到来的考试、处理媒体对公司的负面报道等。我们的工作和生活中的主要压力就是来自第一象限的任务，但第一象限中80%的任务都是来自第二象限中没有得到很好处理的事务。

2. 第二象限：有计划地去做

重要但不紧急的事情，有计划地去做，比如要参加学校的技能大赛、复习专业课迎接会考等。这些事情虽然看起来不紧急，但如果处理不好随时都会发展成为重要且紧急的事情。对于这类事情，需要制订一份时间计划表，持续推进，避免让其进入第一象限。

3. 第三象限：交给别人去做

不重要但紧急的事情，比如同学突如其来的求助、临时电话会议等。这些事情的精力开销是不可避免的，但是不能认为紧急的就是重要的，需要评估这类事情相对于手头其他事情的重要程度再做决定。

4.第四象限：尽量别去做

不重要且不紧急的事情，比如看无聊的电视节目、刷手机等。可以通过做一些不重要且不紧急的事情来调整自己的心态和身体，但如果一直沉迷于第四象限的事务，那我们的效率就会打折扣，就是在浪费生命。

中职生由于学习的压力相对较小，浪费时间的现象较为严重。因为对生命没有紧迫感，对时间不够重视，没有养成遇事马上做、日清日新的好习惯，总把今天的事情推到明天去做，以至于"明日复明日，明日何其多；我生待明日，万事成蹉跎"。殊不知，昨天是期票，明天是支票，今天才是现金。时间待人是公平的，但是在每个人手里的价值却不同。生涯规划的实现必须做好人生的时间管理。管理不好时间，注定会让生涯规划的实现大打折扣。

四、自律赢得成功

哲学家康德曾经说过：所谓自由，不是随心所欲，而是自我主宰。的确，所有那些让人变得更好的选择，执行起来都不会太容易。比如，周一制订好计划，周末去近郊的民宿体验一把生活的乐趣，结果到了周末，只想躺在床上睡他个天昏地暗。再比如，很多整天喊着要减肥的人，得到的从来都不是按照计划制订的结果。因为这些经常嘴上喊着要怎样、要如何的人，一般都不太自律。而那些从来都严格执行计划、严以律己的人，到最后，他们得到的往往比计划中的结果还要好。

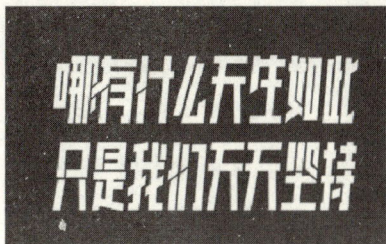

连线职场 〉〉

成功人生从自律开始

有这样一位领导，她超级漂亮、超级自信、超级有才、超级能干，我觉得世界上所有美好的词放在她身上都不为过。就算工作再忙，她也保持着每周3次去健身房运动，每次10公里。就算自己喜欢的东西再好吃，她也保持着七分饱的晚餐习惯。就算加班到凌晨，她也会先喝一杯牛奶再入睡。就算晨起快要迟到了，她也会边敷面膜边给自己做一份简单的早餐。就算倒时差再辛苦，她也会抽时间每周阅读一本书。她的生活，自律到苛刻。人们看到的她长期保持七分饱的晚餐习惯，看到的她在跑步机上挥汗如雨进行锻炼……有人嘲笑这样的苦行僧式的生活方式不值得，说道：人生在世，吃穿二字。有人借用诗词言论鼓吹：今朝有酒今朝醉，明日愁来明日愁。还有人手捂胸口闭眼嘶吼：原谅我这一生放纵不羁爱自由……

想一想：你怎样看待自律的人？你想要这样的人生吗？分享一下自律带给你成功的实例。

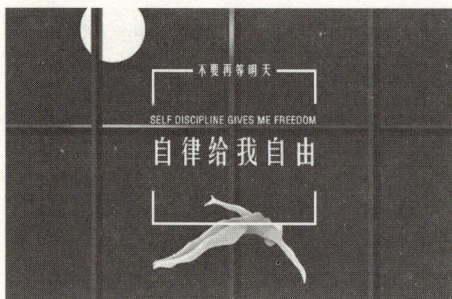

有人会说，何必呢？何必委屈自己的身体，何必委屈自己的胃呢？但是抛开这一切，我们看到了她健美的身材，还看到了她站在几百人的舞台上侃侃而谈的那种自信、优雅。这种修为，不是我今天少吃一只鸡腿、明天少喝一杯啤酒就能做到的。其实，泡夜店、文身、打耳洞、买醉这些事看似很酷，做起来却一点难度都没有，只要你愿意去做就能做到。更酷的应该是那些不容易做到的事，比如看书、健身、赚钱、用心爱一个人，这些在常人眼里却是无趣且难以坚持的事情。很多人羡慕别人的精彩和成功，但了解到别人背后那种近乎残酷的自我管理时又会打退堂鼓。这也就是为什么这个世界上平凡普通的人占了大多数的原因。

连线职场 》》

2018年初的期末考试，上海海事大学的12名学生考试作弊，付出了惨痛的代价，被学校开除学籍。这无疑给那些准备要作弊或者平时不学习又想轻松通过考试的学生予以重击。

记者注意到，在这12起作弊事件中，携带手机、小抄、书本参加考试的有5起，用草稿纸传递答案的有2起，通过建微信群、QQ群作弊的有5起。有知情者告诉记者，各高校都严禁学生在考试中携带手机等通信设备，但仍有个别学生"顶风作案"，甚至"玩出花样"。"有的同学准备了两个手机，一个手机交给监考老师，另一个手机装在兜里，在考试期间出去上厕所，就开始在网上搜答案，把答案通过群传给其他同学。"不过还是希望莘莘学子在努力学习的同时，学会诚信做人，踏实做事。虽说开除学籍的做法过于严厉，但对教育全体学生还是很有好处的。学生将来走进社会，都得为自己所做的一切负责。没有什么可以投机取巧，没有谁能帮你买单，没有谁能给你再来一次的机会。

自律，是成功的基石。哲学家毕达哥拉斯曾说：不能约束自己的人不能称他为自由的人。我们的自律并不是让一大堆规章制度来层层地束缚自己，而是用自律的行动创造一种井然的秩序来为我们的学习生活争取更大的自由。如果你不能接受自己的平庸，那么请从自律开始，自我改变。

学以致用 〉〉

1. 结合自己的实际进行反思，总结自己在实践方面的不足，仿照小蓉的在校计划样式或自创样式撰写"我的生涯规划在校措施"，小组成员帮助提出改进措施，并在自己的小组内进行交流。

小蓉的在校计划

知识学习
能力提升
活动锻炼
社会实践
获得奖励

2. 近期目标是所有目标中应该着重考虑的部分，填写下列表格，明确期末考试的目标。

我的期末考试目标					
期中总成绩		分数		名次	
期末总成绩		奋斗分数		预期名次	
科目	语文	数学	英语	德育	专业课一	专业课二
期中成绩						
期末成绩						
我的座右铭：						

第四节 与时俱进调规划

成长的足迹：

随着专业课程的学习，王青在专业课上越来越自信，专业课程会考和技能比武都有着不俗的表现。在多次参加社团活动和社会实践之后，王青发现自己的语言表达能力和组织管理能力比自己想象中更强大，他仿佛觉得自己的职业前景和发展方向又多了一些选择！是啊，一个人虽然不能一眼就看清自己的未来之路，但走着走着，就发现路途宽广了，而且有多个路标在指示着你前进。王青想，随着社会的发展变化以及自身素质的不断提高，自己原来的职业规划是否需要调整呢？

一、适应变化调规划

制订规划是为了发展，调整规划也是为了发展。在职业生涯的每个阶段，为适应社会变化，必须经常思考"我要怎么做""我的下一个工作要做什么""当我做现在的工作时，要为下一个工作做什么准备"等问题，主动去调整职业生涯规划。调整规划并非轻易放弃自己的追求，而是让自己的规划更适应社会、更适合自己。万万不可因为外界的变化而丧失信心、怨天尤人或自暴自弃。

有一说一 》》

一只蚂蚁想往玻璃墙上爬，虽然一次次都失败了，掉了下来，可是它依然执着地往上爬。一个人看到后，感慨地说："多么伟大的蚂蚁，失败了也毫不气馁，继续向目标前进。"另一个人看到后，也感叹地说："多么可怜的蚂蚁，太盲目了，假如它改变一下方式，也许很快就能到达目的地。"

生活中，我们常常面临着这样的难题：是执着追求，还是果断放弃？你更同意哪一个人的看法？

其实，这两种人反映了两种不同的人生态度。后一种人也许会被人看作不够执着，不懂得坚持，但通向成功的路不止一条，不同的人可以选择不同的路。有时候懂得放弃，"曲线救自己"也不失为一种智慧。人生遇到挫折时要懂得变通，但变通不等于放弃，学会修正、变更自己的计划或目标也是生涯规划须要学会的一课。

1.适应外部条件变化

外部世界是变化的，只有变化是不变的。在这个变革的社会里，没有一成不变的事物。今天最热门的技术，明天可能就无人理睬；去年时髦的职业，今年可能就被打入"冷宫"。既然外部条件在变化，那么职业生涯规划就要适时调整。调整职业生涯规划主要是调整近期目标和发展措施，当然也可以调整长远目标。

2.适应自身素质变化

外部世界在变化，同时自身的内部因素也在发生变化。自身的变化主要表现在知识能力的提高、阅历的丰富、人生价值观的改变、性格的成熟、家庭环境的改善等方面。根据这些因素的变化，需要调整自身的职业生涯规划。比如说，以前规划自己当导游，但后来发现动车乘务员更适合自己，或者遇到很好的机会，自己去了一家五星级酒店。这些都与原来的职业生涯规划不一样了。所以，需要适应自身素质的变化，相应调整职业生涯规划。

人生故事 》》》

无翼也飞翔

杨孟衡永远忘不了13岁的那一天，他拿着母亲给的五角钱快乐地离开了家，准备去商店买学习用品。之后，他爬上一座用来抽水的变压器。10万伏的电压在瞬间穿过他幼小的身体，双臂钻心一样的疼，几秒钟之后他昏厥了……从此，他失去了双臂。

每一个残疾孩子的心中可能都揣着一个奥林匹克梦，他也做过这样的梦。失去双臂后的第二年，他开始苦练田径。练了几年后，由于分级问题，他改练游泳。2005年，他开始备战2007年在云南举行的第七届全国残疾人运动会。

人生的第二次打击如拦路虎一般无情地出现，成为菲尔普斯一样的泳坛飞鱼的梦想如肥皂泡一般破碎了。在第七届全国残疾人运动会上，他仅仅取得第七名的成绩，从而无缘2008年北京奥运会。那一天，他原本五彩缤纷、憧憬无限的世界顿时飞沙走石、天昏地暗。一进家门，他就钻进自己的房间，将头蒙在被子里。晚上醒来，他慢慢将头伸出来，看到枕边不知什么时候多了一张字条。"我不祈祷在险恶中得到庇护，但祈祷能无畏地面对它；我不乞求我的痛苦会停止，但乞求我的心能征服它。"这句话跃入眼帘，也跳进他的精神世界，如一发子弹击中他的内心，点亮了他那已熄灭的梦想之灯。字条是父亲杨洪彬写的，诗句选自印度诗圣泰戈尔的诗集。那一瞬间，他感受到了力量、勇气和春风化雨般的亲情，他攥紧了拳头，对自己说：坚强，坚强！站起来，别趴下！

第二天，他主动提出重新回学校。送他上学的时候，父亲语重心长地讲了一句话："人可以有很多梦想，但实现一个就足够了。"他听懂了父亲的话，用力地点点头。是呀，天下不只有一条路，条条大道通北京，上帝只不过给了自己一条弯道而已。他想起了自己以前在水中前进的姿势，勇敢、无畏。"让梦想重新上路吧，沿着另外一条道路前进！"他这样告诉自己。他确定了新的奋斗目标，那就是成为一个同声翻译家。他以勇敢的姿态再次上路了。

杨孟衡，这个身体残缺而心灵飞翔的阳光男孩，带着梦想，又和同龄人一起站到了新的起跑线上，以鸟的灵动，以鱼的优雅，继续前行。如今的他已经徜徉在美丽如画的中山大学校园里，离着同声翻译家的梦想更近了一步。

想一想：杨孟衡的人生道路经过了几次变化？从他的人生经历中你得到了什么启示？

3.抓住机会调规划

（1）毕业前夕的调整

如果需要调整职业生涯规划的话，越早调整越好，所以一般在毕业前夕进行调整是最佳的，因为这时候你的规划还没有得到完全实施，调整后找准一个好的起点，就会为成功打下良好的基础。

职业生涯规划获奖作品展示：职业生涯规划书的调整

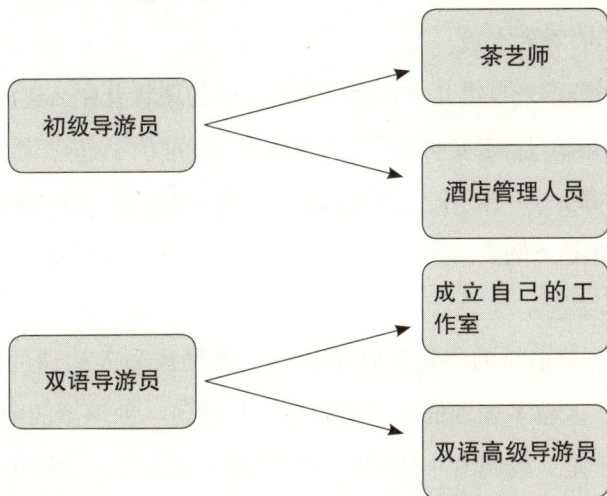

```
                            ┌──────────────┐
                       ┌───▶│    茶艺师     │
┌──────────────┐      │    └──────────────┘
│  初级导游员   │──────┤
└──────────────┘      │    ┌──────────────┐
                       └───▶│  酒店管理人员  │
                            └──────────────┘

                            ┌──────────────┐
                       ┌───▶│ 成立自己的工   │
                       │    │ 作室          │
┌──────────────┐      │    └──────────────┘
│  双语导游员   │──────┤
└──────────────┘      │    ┌──────────────┐
                       └───▶│  双语高级导游员 │
                            └──────────────┘
```

——旅游服务与管理专业　李楠

（2）从业初期的调整

参加工作三至五年后，人生经验丰富了，工作经验也丰富了，自己的职业理想可能更明确了。这时调整职业生涯规划也是一个不错的时机。这个时候调整职业生涯规划的原因是多方面的，主要有：

第一，初次择业就业时可能难以找到合适的职业，有时只能将就。

第二，工作一段时间后，发现自己确定不适合现在的工作，这就为重新调整职业生涯规划提供了可能。

第三，有了从业经历，追求的目标会更高，更有可能实现，这种情况下也可以进行及时调整。

小胡中职毕业后，按照自己设计的目标进入一家外资公司，工资不低，同学们

都很羡慕他。他从前台做起，先后干过仓库管理、生管助理、厂长助理、行政人事主管、客户服务主管等，三年转换角色多达七个。正如他自己所言："我感觉自己就像一块抹布，哪里需要往哪里抹；一旦公司有了合适的人选，我必定退出，因为他们的确比我专业、能干。"这份工作让他睡不好、吃不好，就像患上了职业恐惧症，害怕上班，担心看到老板。

小胡的职业恐惧感来自哪几个方面？你对小胡的现状有什么建议？

不管是工作还是学习，都要明确最近阶段自己专攻的方向、应积累的相关工作经验与专业知识，"东一榔头西一棒子"，导致的直接后果就是没有打好可持续发展的"职业基地"。规划可以做出适当调整，但不能经常发生变化，经常变化的规划不是好的规划。

后续故事：

职业指导师发现小胡的兴趣是从事指导、激励或与人沟通的工作；喜欢在众人面前表现自己，人越多表现的欲望越强烈；与任何一种类型的陌生人打交道，他都能游刃有余。于是，围绕着小胡的职业满足感（适应性）、个人兴趣及行业发展潜力、竞争性、社会需求等诸多因素，为他设计了一套职业发展方案：从印刷、培训、快递、办公用品等行业的销售代表或客户服务出发，经销售主管、区域销售经理等职位，最后到达销售总监的位置。

现在，小胡稳扎稳打，在具备了销售经理的相关经验后，"跳槽"接受了一家知名办公家具公司的销售经理职位，干得充满激情，很快就被提升为销售主管。

读了小胡的职场故事，你有什么可以吸取的经验和教训？

二、规划调整的步骤与方法

步骤一，重新剖析自我。掌握个人条件的变化及其在职业实践中检验的结果，加深对自己的认识，检验自己的职业素质是否适合所从事的职业，弄清"我能干什么"。在此基础上选择更适合自己的方向，调整自己的职业生涯规划，从而为自己的长期发展奠定基础。

知识卡片

职业生涯规划调整"七要"

量己力	衡外情	定目标	选策略
重实践	善反省	再出发	

步骤二，重新评估职业生涯机会。在从业过程中，内外环境会给自己的职业生涯带来机遇和挑战。对此，自己要认真地进行重新评估，如分析当前经济社会发展趋势是什么样的，所从事的职业在目前与未来社会中的地位如何，社会发展对自身发展的影响有多大，自己所在企业的内外环境和个人的人际关系怎么样等。弄清了这些，就会明白什么是可以干的，什么是不能干的。

步骤三，修正职业生涯目标，即调整远期目标或阶段目标。

步骤四，修订落实计划。制订一个新的自我提升发展计划，进一步明确"我应该怎么办"，为制订措施创造条件。每过一段时间，职业人要审视内在和外在环境的变化，并及时调整自己原定的职业生涯规划。这种调整并非放弃，而是与时俱进。当一个人的职业生涯并非一帆风顺时，调整的过程往往可以使人的多方面能力得到提高。

学以致用 〉〉

职业生涯规划获奖作品展示：职业生涯规划的调整

面对挑战，有调整才更完善

人生没有十全十美。如果你发现自己错了，就要从头再来。即使别人不原谅你，你也要自己原谅自己，千万别用一个错误去掩盖另一个错误。我会从自身条件出发，根据变化了的客观事实，重新剖析自己的发展机遇，对我的职业目标、职业路径和职业策略做出及时的评估。

调整方案一：

如果我高三没有考取导游证，我会跳过这个目标，先去澳门免税店工作。如果能适应澳门的人文环境和工作环境，有良好的发展，我会选择留在澳门。

调整方案二：

如果我没有通过澳门的面试，我会考虑学习另外的语言，去澳门的一个主要原因是可以学习葡萄牙语。当这个条件不满足时，我会选择学习韩语或日语。

调整方案三：

如果在职业发展中期，导游不再适合我的发展，我会继续深造，转行做酒店管理与服务工作。

—— 旅游服务与管理专业 张玉

职业生涯设计能力和调整能力是从业者终身必备的能力，也是从业者终身受益的能力。在整个职业生涯过程中，不仅需要知道自己想从事什么工作、能从事什么工作，更重要的是需要知道以什么策略、手段实现职业生涯的进步。

学以致用 》》

用一张A4纸，按照下面的内容，填写"我的职业蓝图"。

我的职业蓝图

目前的角色：

1. 事业目标：短期目标（1～2年）与长期目标（3～5年）

2. 我的动机：

3. 核心价值：3～5个词

4. 限制和边界：自身的局限

5. 我的强项和优势：

6. 我想拥有的强项和优势：

7. 对自己的投资：

8. 执行策略：打算如何实现自己的目标

9. 榜样楷模：3～5个

10. 理想的公司：

11. 理想的职业形象：2～5个词

第五节 综合实践课：制订职业生涯规划书

一、职业生涯规划书概述

职业生涯规划，是指将个人发展与组织发展相结合，对决定一个人职业生涯的主客观因素进行分析、总结和测定，确定一个人的事业奋斗目标，并选择实现这一事业目标的职业，编制相应的工作、教育和培训的行动计划，对每一步骤的时间、顺序和方向做出合理的安排。通俗地讲，就是你打算选择什么样的职业、什么样的岗位、什么样的组织，达成什么样的成就，过什么样的生活，以及通过哪些途径和措施达成你的目标。

一份完整的职业生涯规划书的正文主要由五部分构成：分析自我和环境、确定职业目标、构建发展台阶、制订发展措施、评估与调整，还要有前言和结束语，总共七部分的内容。

1. 分析自我和环境

知己——自我评估。自我评估的目的是认识自己、了解自己。因为只有认识了自己，才能对自己的职业作出正确选择，才能选定适合自己发展的职业生涯路线，才能对自己的职业生涯目标作出最佳抉择。

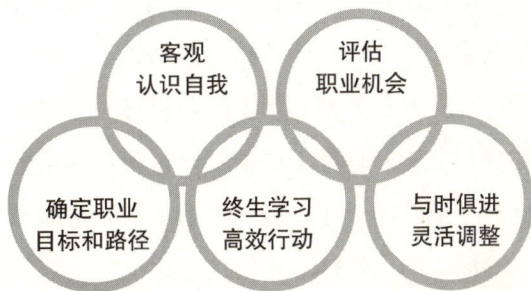

简而言之，职业生涯规划就是：知己、知彼，择优选择职业目标和路径，并用高效行动去实现职业目标！

知彼——职业生涯环境的评估。职业生涯环境的评估，主要是评估各种环境因素对自己的职业生涯发展的影响。在制订个人的职业生涯规划时，要分析环境条件的特点、环境的发展变化情况、自己与环境的关系、自己在这个环境中的地位、环境对自己提出的要求以及环境对自己有利的条件与不利的条件等。

2. 确定职业目标

职业生涯目标的设定，是职业生涯规划的核心。俗话说："志不立，天下无可成之事。"在制订职业生涯规划时，要在知己知彼的基础上进行抉择，确立最终职业目标，这是制订职业生涯规划的关键，也是职业生涯中最重要的一点。

3. 构建发展台阶

职业生涯发展是分阶段进行的，长期目标由阶段目标构成，各阶段目标之间的关系应该是阶梯形的，所有的阶段目标都指向长期目标。

4. 制订发展措施

在确定了职业生涯目标后，行动便成为关键的环节。没有达成目标的行动，目标就难以实现，也就谈不上事业的成功。这里所说的行动，是指落实目标的具体措施，主要包括工作、训练、教育、轮岗等方面的措施。

5. 评估与调整

俗话说："计划赶不上变化。"是的，影响职业生涯规划的因素有许多。有的变化因素是可以预测的，而有的变化因素难以预测。在此状况下，要使职业生涯规划行之有效，就必须不断地对职业生涯规划进行评估与调整。

二、撰写职业生涯规划书

活动背景：

本模块的教学主要进一步让学生理解职业生涯规划的重要性，在学习本校学生的职业生涯规划优秀作品的基础上，让学生掌握职业生涯规划制订的四个基本步骤：分析发展条件、确定职业目标、构建发展台阶、制订发展措施，为制订职业生涯规划书做好理论上的准备。本模块的落脚点，就是帮助学生围绕所学专业制订适合自身条件的职业生涯规划书。在以往的教学中，总是布置学生课下完成，完成效果一般，网上摘抄、雷同作业比比皆是。将这一内容纳入课堂，充分发挥老师的指导作用，保证教学的实效性。

活动目的：

在制订职业生涯规划书的过程中，学生对本模块所学知识进一步融会贯通，对自我、专业、就业环境加深认识；进一步考核自己的职业目标是否合理，是否具有可实施性。在此基础上，制订适合自己发展的实施措施。学生在制订规划的过程中，应明确方向，针对自己的专业学习和发展目标，做到有的放矢，为自己的未来发展提供依据，为实习和就业做好准备。

活动准备：

1. 分组。根据班级人数确定职业生涯规划小组，每组人数为4～6人，选出组长，负责组织、记录、分发和收集材料及作业。

2. 材料准备。为每个小组准备1份获奖学生的职业生涯规划书，1份存在问题的职业生涯规划书。

活动流程：

第一阶段：学习借鉴

1. 教师带领学生学习优秀职业生涯规划书。小组讨论这篇优秀职业生涯规划书的特色有哪些，哪些是值得我们学习的，进一步明确职业生涯规划书的制订步骤和要求。可提供职业生涯规划书设计模板。

2. 小组讨论这篇存在问题的职业生涯规划书有哪些问题，我们在写的时候应该注意哪些问题。

第二阶段：实施完成

按照要求，学生课下完成自己的职业生涯规划书的初稿，要求2000字左右。

第三阶段：讨论交流

1. 课堂上以组内交流的方式，说一说自己的职业生涯规划书的主要内容。

2. 组内成员客观公正地提出自己的评价和改进意见。

3. 教师在课堂上跟进指导，针对较为突出的问题，统一讲解。

第四阶段：完善考核

1. 学生在组内讨论、教师跟进指导的基础上，进一步完善自己的职业生涯规划书。

2. 进行职业生涯规划书的考核，考核成绩纳入德育课过程性评价。

3. 择优推选学生参加学校举办的"职业生涯规划节"，进而选出优秀作品参加青岛市"文明风采"竞赛和全国"文明风采"大赛。

附件1：职业生涯规划书设计模板

封面：

职业生涯规划书

名称：＿＿＿＿＿＿＿＿＿＿

姓名：＿＿＿＿＿＿＿＿＿＿

班级：＿＿＿＿＿＿＿＿＿＿

扉页：

目录：

前言

一、自我探索

二、环境探索

三、确定职业目标

四、构建发展台阶

五、制订发展措施

六、评估调整

结束语

正文：

一、格式要求：1. 正文内容字体为小四号宋体；

2. 各级标题编号格式依次为：一、（一）1.（1），大标题字体为三号华文中宋，一级标题字号为四号，其余均为小四号；

3. 行间距为固定值18磅。

二、内容要求：1. 能正确理解并运用一些职业生涯规划方面的理论知识和相关工具，如：MBTI性格理论、霍兰德职业类型论（兴趣）、马斯洛层次需求理论（价值观）、生涯决策平衡单等；

2. 能正确理解并使用自我探索和职业探索的方法；

3. 自我探索与职业探索彼此的结果要相互匹配。

三、其他要求：1. 字数在2000字左右；

2. 用A4纸打印，由课代表收齐后统一上交纸质稿；

3. 将作业电子版发至任课老师的邮箱。

附件2：作品评分细则（具体要求）

评分要素	评分要点	具体描述
职业生涯规划书内容	自我认知	1. 自我分析清晰、全面、深入、客观，能清楚地认识到自己的优势和劣势。
		2. 能够利用人才测评量化分析与自我深入分析全面客观地评价自我，职业兴趣、职业能力、职业价值观、个性特征分析全面、到位。
		3. 能够从个人兴趣爱好、成长经历和社会实践方面分析自我。
		4. 自我评估理论及模型应用正确、合理。
	环境认知	1. 了解社会的整体就业趋势，并且了解中职生就业状况。
		2. 对目标职业所处行业的现状及前景了解清晰，了解行业就业需求。
		3. 熟悉目标职业的工作内容、工作环境、典型生活方式，了解目标职业的待遇及未来发展。
		4. 对目标职业的进入途径、胜任标准了解清晰，深入了解目标职业对生活的影响。
		5. 在探索过程中应用到文献检索、访谈、见习、实习等方法。
	确定职业目标	1. 职业目标确定和发展路径设计要符合外部环境和个人特质（如兴趣、技能、特质、价值观等），要符合实际、可执行、可实现。
		2. 对照自我认知和职业认知的结果，分析自己的优势、劣势及面临的机会和挑战，职业目标的选择过程阐述详尽，合乎逻辑。
		3. 备选职业目标也要充分根据对个人与环境的评估进行分析确定，备选目标职业发展路径与首选目标职业发展路径要有一定相关性。
		4. 能够正确运用评估理论和决策模型做出决策。

（续表）

评分要素	评分要点	具体描述
职业生涯规划书内容	构建发展台阶和措施	1. 行动计划在保持个人优势、弥补个人不足、全面提升个人竞争力方面具有针对性和可操作性。
		2. 近期计划详尽清晰、可操作性强，中期计划清晰并具有灵活性，长期计划具有方向性。
		3. 对职业发展路径的设计能够充分考虑进入途径、胜任标准等探索结果，符合逻辑和现实，具有可操作性和竞争力。
	评估与调整	1. 对行动计划和职业目标设定评估方案，如要达到什么标准，评估的要素是什么等。
		2. 能够对行动计划实施过程及存在的风险做出评估，并制订切实可行的调整方案。
		3. 调整方案的制订能够充分根据对个人与环境的评估进行分析确定，充分考虑首选目标职业与备选目标职业间的联系和差异，具有可操作性。
参赛作品设计思路	作品完整性	内容完整，能够对自我和外部环境进行全面分析，提出自己的职业目标、发展路径和行动计划。
	作品思路和逻辑	职业生涯规划设计报告思路清晰、逻辑合理，能准确把握职业生涯规划设计的核心与关键。
	作品美观性	格式清晰，版面大方美观，创意新颖。

附　录

职业生涯规划获奖作品赏析（三）

行销世界
——我的酒店营销总监梦

目　录

前　言

　　受家庭环境的影响，我从小就对销售这一行业有着极大的兴趣。随着对所学专业的不断深入了解，我最终确定了酒店营销总监作为我的远期职业目标。

　　如今的酒店营销已经不再是单纯的推销，而是开发更多受宾客欢迎的组合产品，满足宾客的多方面需要，使酒店经营更趋独特和完善。

　　销售人员要时刻保持与顾客的密切联系，建立酒店与顾客之间的长期关系。

　　为此，我尝试着制订了一份符合自己事业追求的职业生涯规划书，一笔一画地去描绘属于自己的人生蓝图。

第一部分　我当前的概况

年龄：17岁

性别：女

就读学校：青岛旅游学校

所学专业："3 + 4"旅游服务与管理专业

兴趣爱好：读书、弹吉他、旅游

第二部分　职业定位及依据

每个人都应该根据自己的特点去寻找适合自己的工作。我的职业定位是酒店营销，我将从以下七个方面来阐释自己的理由。

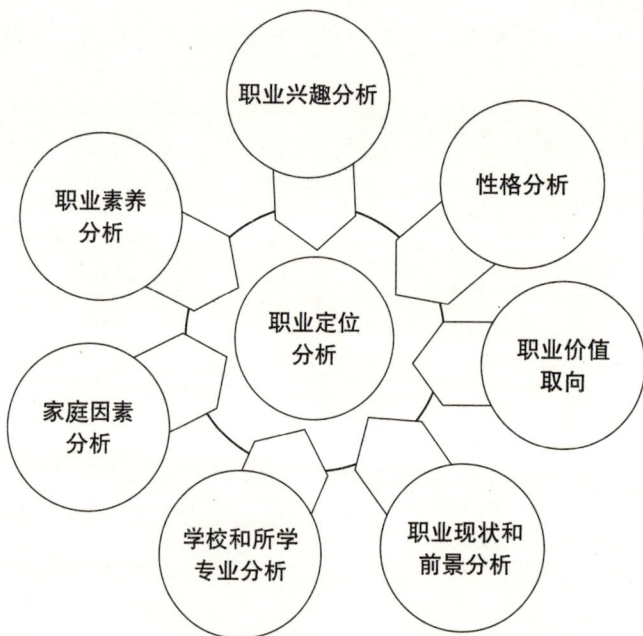

职业兴趣分析

性格分析

职业素养分析

职业定位分析

职业价值取向

家庭因素分析

学校和所学专业分析

职业现状和前景分析

1. 职业兴趣分析

自我评价：喜欢商业性和组织领导性的工作。

我的霍兰德职业兴趣测评结果：

测试	霍兰德职业兴趣类型测试		
图像		结果	我的职业兴趣类型为：E企业型，组合类型为：EAS型。
分析	企业型（E型）：该类型的人具备劝说、管理、监督、组织和领导等能力。 社会型（S型）：喜欢从事与人打交道的活动。 艺术型（A型）：具备艺术性和直觉能力。		

2. 职业性格分析

自我评价：
① 做事比较灵活，有责任心；
② 有较强的适应力和创造力；
③ 面对压力，能及时调整心态，乐观面对。

我的BMTI职业性格测评结果：

测试	BMTI职业性格测试		
图像	 ① 外向（E）－内向（I）　② 感觉（S）－直觉（N） ③ 思维（T）－情感（F）　④ 判断（J）－知觉（P）	结果	我的性格类型倾向为：ENFJ型（E：外向，N：直觉，F：情感，J：判断）
分析	ENFJ型的人可以成为深思熟虑的决策者。具有这种性格的人比较适合的工作有：管理人员、营销人员、事业发展顾问等。		

3. 职业价值取向帮我明确方向

我的职业价值追求是：能充分发挥自己的**独立性、主动性和灵活性**；能为他人创造美好体**验**，给他人带来快乐；能指挥和调遣一定范围内的人和事物；不断**创新**，追求成就感；希望将工作变为一种**消遣、休息乃至享受的人生形式**。

4. 职业现状和前景为我提供机遇

随着人们**生活水平的提高和消费观念的转变**，越来越多的人会选择闲暇时外出游玩。随着中国经济的快速发展，特别是"**一带一路**"建设的开展和"**互联网+**"经济的兴起，因公外出的人会越来越多。人们外出旅行，一般需要住酒店，这就为酒店业的发展带来了更大的机遇。

目前，"**互联网 + 旅游**"的模式扩大了酒店的市场营销范围，已经使全球营销成为现实。2016年，青岛市积极响应这一号召，**开启"互联网+旅游"快车**，推动我市旅游业焕发出新的生命力。

与此同时，**国家对旅游行业的政策进一步放宽**，推动旅游业发展，为酒店营销提供了巨大的市场。

5. 学校和所学专业帮我腾飞

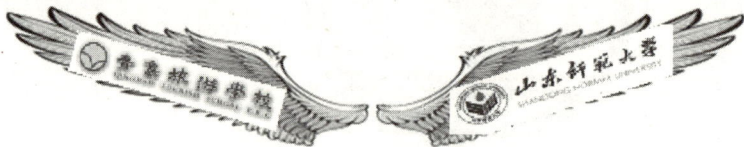

我所就读的青岛旅游学校是一所国家级重点职业学校。我所学的专业是2014年学校首次与山东师范大学联合开办的"3 + 4"旅游管理专业本科分段培养班。学校对此非常重视，**配备了优秀的教师资源**，开设了旅游概论、旅游心理学、客房服务与管理、餐饮服务与管理、导游基础等专业课程。

七年学习期间，两校将统筹安排文化基础、专业理论和技能课程衔接贯通的教学体系，系统培养本科层次国际品牌旅行社和高星级酒店的高级管理人才。这为我成为应用型和复合型管理人才奠定了良好的基础。

据我了解，我所学的专业所对应的行业及职业群如右图所示。

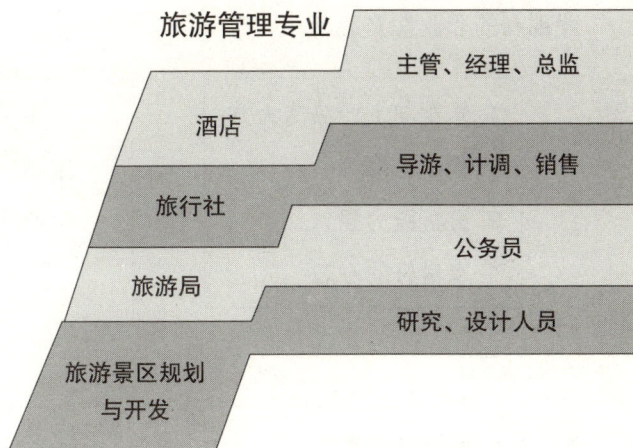

旅游管理专业

主管、经理、总监

酒店

导游、计调、销售

旅行社

公务员

旅游局

研究、设计人员

旅游景区规划与开发

6. 家庭助我成长

爸爸是一家公司的销售部经理，妈妈是一名会计。爸爸让我对销售产生了兴趣，妈妈培养了我严谨细致的习惯。在平时，爸爸也会和我讲一些销售方面的知识和技巧，这对我的职业发展会产生巨大的推动作用。

7. 职业素养分析

一个优秀的销售者，需要具备多方面的素养，如下图所示。

策略家的脑
侦探家的耳
外交官的嘴
慈善家的心

① 关于产品、客户的知识；

② 优秀的沟通、分析、营销技能；

③ 具备灵活性和创造力；

④ 良好的自我激励、心理承受能力；

⑤ 诚信、自律、为他人考虑、坚毅的品质……

拾荒者的脚

我现有的职业素养盘点：

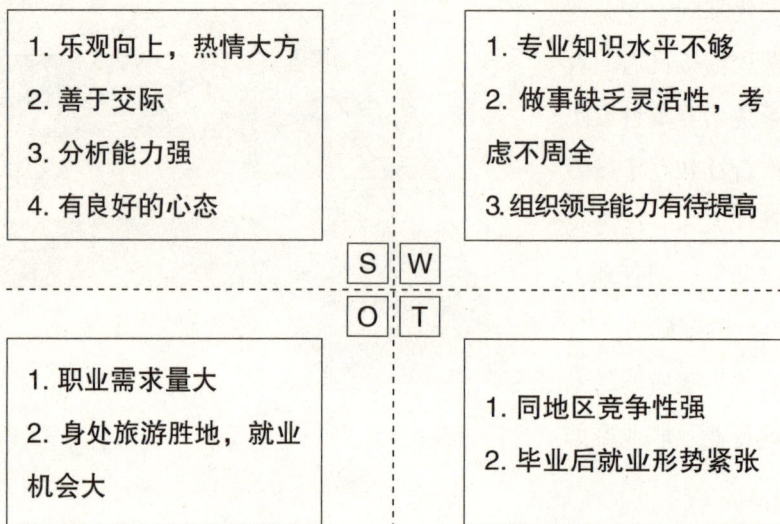

1. 乐观向上，热情大方 2. 善于交际 3. 分析能力强 4. 有良好的心态	1. 专业知识水平不够 2. 做事缺乏灵活性，考虑不周全 3. 组织领导能力有待提高

S　W
O　T

1. 职业需求量大 2. 身处旅游胜地，就业机会大	1. 同地区竞争性强 2. 毕业后就业形势紧张

从上面的分析来看，我的各方面素养和职业所需的素养间尽管还存在一些差距，但我相信，通过努力，我可以弥补这些差距，胜任这份工作。

第三部分　职业发展目标及实现措施

我的远期职业目标：成为一家五星级酒店的销售总监。以下是我在各阶段的目标及实现措施。

1. 中职阶段

时间	目标	措施	
2014 — 2017	对本专业有一个清晰的认识，确定职业发展方向	① 开始阅读酒店管理方面的书籍，留意酒店方面的知识	
		② 初步了解营销方面的知识	
	每学期各科目总评优秀；成功升入山师大	高一	每天努力学习，朗读英语半小时；每月做一次系统复习
		高二	坚持高一的学习方法；在掌握专业课知识的同时，多了解课外知识，增长见识
		高三	整理三年所学知识，将所学知识应用到实践中去，并通过转段考试

（续表）

时间	目标	措施	
2014 — 2017	增加社会实践经验，培养社会责任感，学会处理各类人际关系	高一	积极参加学校社团组织的活动，与同学交流经验
		高二	在学校组织的实习中高质量地完成工作，收获经验
		高三	积极参加社会义工活动，为步入大学做准备
	每学期获得评优称号；取得相应的职业资格证书；参加全国"文明风采"大赛，并获得奖项	① 遵守校规校纪，尽到班委的职责	
		② 取得英语 PETS 三级证书、导游证	
		③ 积极参与学校组织的大赛选拔活动，及时修改作品	

2. 本科阶段

时间	目标	措施
2017 — 2021	进一步提高英语能力，取得英语六级证书	① 加强英语口语练习
		② 在网站上听一些英语公开课
		③ 进行专业英语书刊阅读
	拓展知识；建立一个积极的朋友圈，不断完善自我	① 每月读两本关于营销方面的书
		② 建立一个兴趣小组，和同学们定期讨论对行业发展的看法，培养合作意识
	积累工作经验，培养良好的职业道德；不断了解职业行情	① 利用假期到商场做促销员，锻炼推销及与人沟通的能力
		② 及时了解旅游动态并作出分析
	成为优秀毕业生，以优异的成绩获得大学毕业证书	① 钻研专业书籍，多与专家进行交流
		② 坚持每天去图书馆读书，增强文化底蕴

3. 工作1～5年

时间	目标	措施
2021 — 2025	毕业后进入一家五星级酒店销售部当一名销售员，熟悉企业的核心理念与工作流程；争取第三年成为业务主任	扩大交际圈，积累人脉
		熟练掌握公司培训内容，有针对性地学习所欠缺的销售知识
		坚持"一二三"原则，即每月读一本营销杂志、看两本专业书、浏览三个营销网站

4. 工作6～12年

时间	目标	措施
2025 — 2032	工作5年后成为大区经理，学会激励和管理团队；工作12年后成为销售总监，具备高超的人际关系处理技巧	充分发挥公司提供的平台和资源的作用，加强与社会营销资源的互动和联合
		与高层进行有效的互动，取得战略认同和支持；与中层取得共识和理解，形成团队合力，并督促中层把职责和政策贯彻实施到管理的末端

第四部分　职业评估与调整

现实是未知而多变的。制定的目标计划随时都可能受到各方面因素的影响，必须根据事实的情况以及变化进行及时的调整。

评估内容

1. 自身条件重新剖析
2. 发展机遇重新评估
3. 职业生涯目标修正
4. 职业发展措施修订

如何进行评估

1. 勤于自我检查：
   检查是否按计划好的时间进度执行；是否达到预期效果。
2. 善于请人督促：
   在周围的人中寻找可以互相督促的伙伴。

调整时机及内容

1. 毕业前夕的调整：
着重于近期目标和其他阶段目标的调整，也可以对长远目标进行调整。

2. 从业初期的调整：
根据从业状况和自身条件的变化，在职业转换的过程中调整自己的职业生涯规划，制订更符合自身实际的措施。

结束语

营销行业实际上不仅仅是把东西卖给别人并把钱收回来那么简单，而是人与人之间沟通、博弈、谈判、平衡利益、满足需求的过程。在这个过程中，我们能发现自己的价值，体会到工作的乐趣和成功的自豪感。

水无点滴量的积累，难成大江河。人无点滴量的积累，难成大气候。

在这里，这份职业生涯规划也落入了尾声，然而，我的真正行动才刚刚开始。现在我要做的是，迈出坚定的一步，朝着规划的目标前进，以满腔的热情奔向最后的胜利。

作品说明

李璐同学的职业生涯规划书以《行销世界——我的酒店营销总监梦》为题，其中的"行销世界"非常大气，而"酒店营销"又体现了她明确的职业选择。

"选对行"是职业成功发展的基础。作者从职业兴趣等七个方面详尽分析了自己选择酒店营销的原因，从她的分析中，我们可以感受到她的职业选择严谨、合理。同时，作者对职业发展阶段、目标及实现措施等方面的规划很切合实际，非常具有可操作性。

在本规划书中，作者提到了借助"一带一路"和"互联网+"，这既体现了她对国家发展的思考、对个人梦与中国梦融合的思考，又体现了她对新商业思维、模式的应用。这一点对中职生来说是难能可贵的。

另外，这份规划书设计美观，图片运用恰当，令人赏心悦目。

【指导教师　乔守沅】

第四章

积蓄力量　扬帆职场

　　党的十九大报告提出，提高就业质量和人民收入水平。这一重要论述为就业工作指明了方向，提出了新的更高要求。就业是最大的民生。从小到大，我们所有的在校学习都是为了今后能更好地就业。就业工作是人们生活的核心，拥有一份职业、一份工作，是人们平等地进入、融入一个正常的社会生活环境的必要条件。同学们，就业，你准备好了吗？

　　苹果公司CEO史蒂夫·乔布斯在演讲时曾说，他在17岁的时候读到了一句话："如果你把每一天都当作生命中最后一天去生活的话，那么有一天你会发现你是正确的。"因为这样你每一天都在做着有效的准备。同学们，中职时代轻轻地划过我们的青春，慢慢地迈向未来，就业问题不可避免地成为我们的头等大事。我们每一个人都会站在"学校人"和"职业人"交接的十字路口，那我们该如何做好准备呢？

　　本模块将带领你做好就业观念、就业心理、求职形象和面试材料等方面的准备，逐步引导同学们了解社会形势和就业观，做好角色的转换，树立良好的求职形象，掌握系列求职技巧，并进行走向社会的职场招聘模拟等。记住，不打无准备之仗哦！

第一节 慧眼认清就业观

成长的困惑：

职校生活是丰富多彩、快乐充实的。王青在职业理想的支撑下，凭借不服输的志气和自身的优势，积极参加各种比赛活动，锻炼自我，强大自我，完全摆脱了初入职校时的被动和消极，身上洋溢着自信和勇气。不过，王青也很忐忑，因为当今社会就业难是一种客观存在，作为中职生，缺乏实战经验，要想把自己的综合素养和社会需求衔接起来，把在校学习成果转化为工作业绩是需要一定时间的。因此，在这样的时代背景下，他想知道当今的就业形势到底如何，他又该以怎样的就业观念迎接社会的挑战呢？

一、认清就业形势

说一说：你从这样的求职场景中感受到了什么？

1. 就业形势严峻

据人力资源和社会保障部科研所的数据显示，中国高校自1999年实施扩招以来，大学生以及本科院校的毕业生每年以15%的速度增长。2016年毕业季，高校毕业生达到765万人，创历史新高。2017年招聘季，包括700多万大学毕业生，再加上出国留学归来的人员及没有找到工作的往届毕业生，将近有1000万大学生同时竞争。就业形势严峻，竞争更是激烈异常。同时，新达到劳动年龄的农村青年将向

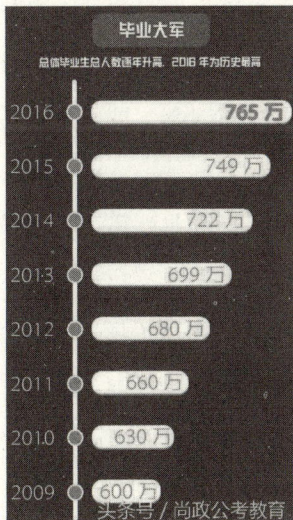

毕业大军

历届毕业生总人数逐年升高，2016年为历史最高

2016	**765 万**
2015	749 万
2014	722 万
2013	699 万
2012	680 万
2011	660 万
2010	630 万
2009	600 万

头条号／尚政公考教育

城镇大量转移，再加上现有的失业、转岗人员，在很长时间内，我国劳动力供大于求的总量压力持续加大。这些因素交织在一起，构成了就业难、难就业的局面。这是一种客观现实，谁也不能回避，谁也无法回避。

有一说一 》

导致就业难的因素有哪些？

2. 双向选择就业

就业是民生之本。我国政府从国情出发，制定和实施了一系列积极的就业政策，确立了"劳动者自主就业、市场调节就业、政府促进就业和鼓励创业"的方针。党的十九大报告提出："要坚持就业优先战略和积极就业政策，实现更高质量和更充分就业。"劳动者自主就业，有利于保证劳动者的合法权益，因为劳动者享有平等就业和选择职业的权利；市场调节就业，通过单位和个人的"双向选择"，有利于实现劳动力合理流动，在竞争中实现劳动力最优化配置；政府促进就业，是指政府通过经济拉动、政策扶持、市场服务、政府调控、社会保障等来促进就业，有利于就业市场的协调和掌控；鼓励创业，是通过政策导向促进创业，以创业带动就业，因为创业是最大的就业。

国家的就业政策表明，我们绝大多数毕业生需要进入毕业生就业市场，需要通过与用人单位"双向选择"来确定就业去向。"双向选择"的过程，实际上就是相互认识、相互了解、相互认可的过程。这就意味着，我们每个人不可避免地都要与人才招聘市场打交道，所以，每个人都必须拥有一双慧眼，认清目前的就业形势。

大中专毕业生的几种就业去向

1. 企业单位、外企、民营企业、独资企业：此类通道和经济增长高度相关，GDP（国内生产总值）每增长1个百分点就能拉动上百万人的就业，经济的下行势必会影响到此类通道的就业。目前，我国经济结构调整，第三产业、服务业成为岗位增长的支柱。

2. 公务员、事业单位：2016年公务员考试中，2.7万个招录名额共吸引了近140万人报名。2017年公务员考试则出现了"万人争抢一个岗位"的现象。公务员招考中，大量岗位招收本科毕业生，有些岗位并不限定专业。相对来说，公务员考试公平公正，因此凭借自己的实力，通过笔试、面试竞争上岗，成为一名公务员，也是不少毕业生的优先选择。

3. 自主创业：创业虽然并不是新鲜产物，由于国家在政策上的引导和鼓励，也受到更多的关注。这并不是说每个毕业生都适合去创业，每个人都应该认清自己的发展定位。

4. 深造（升专、升本、考研、出国）：这个通道里主要有两部分人，一部分是想在专业层次上进一步提升，还有一部分是延缓就业，待学历提升后，更好地就业。

5. 参军入伍、支教、支农：这是相对比较小众的通道。而且，这些通道将来还是要面临再就业。

不管怎么说，选择一条适合自己的路才是对自己最好的交代。认清自己，看清形势，找到自己的出路。

二、扬弃就业观念

就业观念是有关就业的意识、态度、想法。而态度决定行为，有什么样的就业观念，就有什么样的就业行为。由于各种历史原因，传统就业观念往往妨碍着一些求职者就业。比如，有些人还在向往捧着"铁饭碗"，要求在国有或大型集体单位就业；高学历人才大多选择政府机关或事业单位，不愿到企业，尤其是不愿到中小企业工作；年轻人大多向往在大城市就业，不愿去小城镇、农村就业或创业；还有相当一部分求职者，求职过于理想化，往往追求工作环境好、工资高、福利好、工作轻松、离家近等，而对一些苦、脏、累、险的职业岗位和薪酬低的岗位不感兴趣。

学以致用 》》

校园情景剧《首次就业的何去何从》

场景一　某职业学校

张明：啊，终于毕业了，可以出去工作挣钱了。自己挣钱自己花，想想也痛快！听说有个现场招聘会，今天去看看吧！

于锋：学校不能不管哪！等着学校安排呗！

陈刚：学校安排也行，这不是一时还没单位嘛！咱们还是出去转转吧！

场景二　招聘现场

张明：陈刚，这儿有个单位还不错，快过来看一看。

陈刚：哎，一个不知名的公司，看样子不是私营的，就是个体的，待遇肯定不好，我可不想去！

张明：看看再说嘛！请问，你们这儿需要人吗？

招聘单位1：是的。

张明：那我先问问，在你们这儿干活，一个月能挣多少钱？

招聘单位1：岗位不同，待遇不同，因人而异，一般就是每月2000元左右。

张明：（嘀咕）一个月2000元？太少了吧？挣得这么少，不是白忙活吗？

陈刚：张明，快看，这儿还有一家，打出了底薪2500元，待遇不错呀！

张明：嗯，不错，可以考虑一下。

招聘单位2：实不相瞒，我们单位的工资待遇还不错，就是单位比较远，得住集体宿舍，而且节假日或者活多的时候，经常需要加班……

陈刚：什么？住集体宿舍？还经常加班？（嘀咕）那我每天就不能按时回家了，每天晚上也不能玩游戏了，我可不能干！

张明：咦，那不是咱班的王燕吗？

陈刚：走，过去看看。

王燕：（一回头）你们俩呀！怎么样，找到工作了吗？

二人摇了摇头：还没找到，你呢？

王燕：问了好几家，专业都不对口。我对自己的专业特别感兴趣，找不到对口的专业，我可不想就业。

陈刚：唉！有些工作虽然钱还可以，但是工作量太大了！

王燕：这儿还有一家专业对口的，我再碰碰运气吧。

招聘单位3：你好！来应聘吗？

王燕：是呀。请问……

招聘单位3：我们只招室内设计人才。

王燕：我就是学家居设计的呀！

招聘单位3：那请问你合格毕业了吗？

王燕：是的。

招聘单位3：那你是否曾在别的公司工作过，有着一定的工作经验呢？

王燕：没有，我是应届毕业生。

招聘单位3：哦，那你参加过学校或者市级的各类技能大赛吗？

王燕：参加过。

招聘单位3：有没有获奖呢？

王燕：没有市级的奖项……

招聘单位3：哦，那你考取相关的职业资格证书了吗？

王燕：还没有。

招聘单位3：那么，很抱歉！你不符合我们的录用标准。

场景三 一声叹息

陈刚：原来老师说就业形势难，果真如此，还是等等再就业吧！先玩一段时间！

王燕：没办法，只好等下一场招聘会了！

张明：唉，真没想到，原来找个如意的工作这么难！实在不行，和爸爸妈妈商量商量，自己创业，干个体！"此处不留人，自有留人处；到处不留人，就当个体户！"

说一说：他们四人的哪些行为是可取的？哪些是不可取的？作为中职生的我们，根据时代的发展变化，应该扬弃哪些就业观念呢？

知识卡片

当今时代就业观的变化

● 从一味依赖学校安排，转为"不等分配找市场"

● 从过分强调专业对口，转为"不唯对口用所长"

● 从过分注重单位的所有制，转为"不究性质看单位"

● 从一选定终身，转为"不求定位先就业"

● 从留恋家乡、贪图安逸，转为"不恋家乡敢自立"

● 从只求稳定的职位，转为"不唯从业敢创业"

　　情景剧中的四个人首次就业遇到的困惑，也是我们将来首次就业时会遇到的问题和麻烦。而首次就业是职业生涯发展的起点，是我们人生中的重要转折，它将带来生活方式的重大变化，是职业生涯发展的重要经历和起点。没有首次就业，就不可能有从业阅历，不可能对职业有真正的感悟，不可能真正实现人生角色的转换。这就告诉我们，首次就业时，一定要树立符合时代需要的就业观，而且目标要务实，忌好高骛远、眼高手低。首次就业的实际岗位可能与规划有差距，但不要轻言放弃，要从基层岗位做起，脚踏实地才能向上攀登。当然，就业观念的转变固然重要，但在求职中我们可能会遇到一些用人单位提出的很实际的问题，这往往是对我们的综合实力的检验。

有一说一 》》

　　招聘单位往往要求具有工作经验，作为首次就业的你，会怎么办？

全国职业技能大赛作品

现在早已不是"唯学历"时代，招聘单位看重的是人的综合素质，尤其是专业技能。如果你有让人叹为观止的技能，有匠人匠心的态度，何愁找不到工作呢？

招聘单位强调工作经验，无非是想招到优秀的员工，立即胜任工作。如果你能证明自己是优秀的，便可以大胆地推销自己。现在职业院校每年都举行全国和省市级技能大赛，大多数专业也都采取"半工半读"的办学模式，给学生提供诸多展示、见习、实习和实训的机会和场地，关键是同学们要珍惜锻炼机会，借此丰富自己、磨炼自己，为以后积累工作经验。

"骑驴找马"

三、实现可持续发展

学以致用 》》

镜头一：

小王在学生时代就有点自由散漫，有时还顶撞老师。到了工作岗位后，因上交的设计作品不合格，被公司点名批评。他却怀疑自己的师傅告黑状，于是和师傅争吵起来，还动手打了师傅。后来他被公司炒了鱿鱼。

镜头二：

小李向朋友抱怨：我任劳任怨，从早忙到晚，可每个月才1800元，除去日常消费，就是月光族。我有个同学一年跳了三次槽，每跳一回工资都比原来的高，现在快多出我一倍了！大家都很羡慕他，我也要辞职。

镜头三：

小薛所在的联通公司工作环境好，工作压力不大，每月收入还可以。可是令人羡慕的她，最近辞职了。原因是：单位的组织纪律太严，尤其是她的顶头上司，整天阴沉着脸，近乎苛刻，在压力之下她选择了逃避。

说一说：镜头中的他们初次就业失败的启示是什么？

随着经济社会发展和科技进步，一个人一生只从事一种职业的可能性越来越小了。因此，中职生首次就业后，还可以根据时代的变化和个人的发展意愿，进行职业的转换和调整，实现再就业。再就业是从业者提高就业质量、调整发展方向的好机会，是实现职业生涯发展的关键环节。再就业并不是随意地调换岗位，而关键是一个人要有足够的能力实现再择业，以促进自己的可持续发展。一个人具有可持续发展能力，才会有希望。面对首次就业的不满意，消极者看到了脚下的泥泞，积极者看到了前方的路。态度决定一切！

连线职场 〉〉

偷过的懒迟早会打脸

《人民日报》曾发文怒斥那些还处在沉睡状态中的大学生：上课时，不是发呆、睡觉，就是玩手机；课余生活只有吃零食、看剧、沉迷游戏；图书馆里没有你的身影，运动场你更是从不迈进去……职场上，这样的人也同样不在少数。上班时踩着点走进公司大门，下班前一小时就心不在焉；玩玩手机，刷刷微博，手里的工作能拖则拖。"工作，不必认真，能应付上司即可；能力，不思进取，不被炒鱿鱼就行；至于工资，只要心怀梦想，总有一天会涨的。"这样的人，不是真"佛系"，而是依然会羡慕别人升职加薪，却拿着三千元的工资，做着月薪五万元的梦。

有些人，二十多岁就开始养老了。一杯咖啡，慢悠悠地度过一整天，不再学习知识，看着别人加班工作，还要嘲笑一声"傻子"，将安于现状视为"知足常乐"。

而可悲的是，有多少月薪三千元就心满意足的人，过着"岁月静好"的生活，却是依靠父母提供经济支持。一些成年子女带给父母的经济压力，甚至比他们未成年时更大。本该自立的年纪，不仅没有能力给家人幸福，还要依赖父母才能生活。这些患了"精神癌症"的年轻人，心安理得地"啃老"，却不肯为自己的未来奋斗。

不进则退的道理，放之四海而皆准。所有成功的事业都是时间和汗水熬出来的。你偷过的懒，迟早会变成打脸的巴掌。

据调查，近年来，职场新人很容易表现出对工作的"不重视"，感觉"不喜欢""不合适""没发展"就潇洒辞职，甚至直接"裸辞"。频繁跳槽现象屡见不鲜，究其原因不外乎不满足于工作现状，工作能力达不到岗位要求，劳动态度不端正，抱怨劳动强度大，抱怨薪酬低，忍受不了单位严格的纪律等情况。社会是考量人的真正舞台，接受现实，适应社会，是融入社会、被社会认可的必经阶段，是职业人必须经历的一段历练。频繁跳槽会留下很多后遗症，影响自身发展。

连线职场 》

"我今年36岁了，除了收费啥也不会"

2018年1月，河北省唐山市地方政府为人民办了一件好事，把地方的各个路桥收费站取消了。取消路桥收费站这件事可谓大快人心，但是有些人却不满意了。这些人就是收费站的工作人员，他们围住了领导要一个说法，在人社局已经按照《劳动法》给予经济补偿的情况下，要求政府解决工作。一位女士振振有词，说道："我今年36岁了，我的青春都交给收费了，我现在啥也不会，也没人喜欢我们，我也学不了什么东西了。"

这样的言辞听起来令人瞠目结舌！不知道这位只有36岁的员工大姐哪来的自信，在这个任何人都可能随时被淘汰的时代，敢说自己除了收费啥也不会，而且也学不会了。对她，我们只能怒其不争，哀其不幸。

这些人内心渴望稳定，一劳永逸，而我们处于有史以来变动最快的时代。在这样的时代，没有人可以说自己学不会了，可以不学习，不学习的唯一结果就是被其他人抛弃。真正的稳定不是来自外界的施舍，也不是来自体制的庇护，而是来自自身，把命运把握在自己手里才是稳定的。《新华字典》上有句话："张华考上了北京大学；李萍进了中等技术学校；我在百货公司当售货员：我们都有光明的前途。"在这个时代，你的工作会背叛你，你的行业会背叛你，你的专业会背叛你，唯一不能背叛你的，是你的认知和你的能力！

说一说：这种除了收费啥也不会，还向政府讨要工作的现象，暴露了什么样的就业观？

再择业是为了谋求自身更好地发展，而不是仅仅为了薪金，薪金的多少是根据个人的商业价值决定的。要知道，频繁跳槽，每到一处都是新手，都要求从基层做起，从最低岗位做起，工资待遇也不会一下子很高，职位更是没有多大变动。可怕的是，有些人无论换什么工作，都觉得没什么发展前景，工作中缺乏激情，抱有"做一天和尚撞一天钟"的思想。这也就不难理解为什么总有一部分人一直处于失业和半失业的状态。

还有一些求职者不断地被炒鱿鱼，不断地被否定，但他们不是更多地反思自己的问题，而是会对当今职场形成一些片面的认识。比如，他们认为要想在职场混得好，主要还得靠关系，对职场成见颇深。这也就决定了在工作中会有"这山望着那山高"的倾向，自己不珍惜机遇，把握不住机遇，反而抱怨上司不重视自己，容易形成心理障碍。

名人名言 》》

人类要在竞争中求生存，更要奋斗。

——孙中山

频繁跳槽是不理性的择业观，是不适应社会的表现。频繁跳槽者更多地关心薪金和待遇问题，往往忽视了经验的积累、社会的磨炼和个人发展前景，而这恰恰是个人实现可持续发展所必备的。所以，对职场新人来说，能在一个岗位上用心积累专业知识、工作方法以及人际交往的经验，多学些本领，提升自己的能力，才是可取的。

名人名言 》》

人生的道路虽然漫长，但紧要处常常只有几步，特别是当人年轻的时候。

——柳青

　　人在职场，不是每个人都会找到合适的工作，因此不少人往往对跳槽存在着困惑：是另觅高就还是原地观望呢？这个时候，一定要根据自己的实际情况来决定是否跳槽。先就业，再择业，实现自己的可持续发展，是成功的跳槽。成功的跳槽就像一次好的旅行，得选准目的地。成功的跳槽，也是一次职业投资，得选对方向。

连线职场 》》

跳槽前的"十问"

　　跳槽是一门学问，也是一种策略。"人往高处走"，这固然没有错。但是，说来轻巧的一句话，却包含了为什么"走"、什么是"高"、怎么"走"、什么时候"走"以及"走"了以后怎么办等一系列问题。因此，为了跳得更"高"，在跳槽前不妨先问自己下面的问题：

　　1. 是什么让你不满意现在的工作了？

　　2. 你想跳槽是经过了慎重考虑，还是一时的情绪？

　　3. 跳槽会使你失去什么，又得到什么呢？

　　4. 适应新的工作环境、人际关系需要你付出更多的精力，你有信心吗？

　　5. 你的背景和能力能适应新的工作吗？

　　6. 你是为了生活而工作，还是为了工作而生活？

　　7. 新的工作是不是为你提供了一个清晰的职业方向？

　　8. 征求过专家的意见吗？有没有咨询过职业顾问？

　　9. 若你跳槽后的职位比现在的职位还低，你能接受吗？

　　10. 新的工作要求你从头做起，你有这个心理准备吗？

学以致用 》》

　　1. 去父母工作的场所看看，了解他们日常工作的内容，体会他们几十年如一日的坚守和辛苦，写一写父母工作的一天。

　　2. 通过对老师、学长的走访或校园网络信息搜集，掌握自己所学专业的求职就业情况，结合目前个人实际，针对首次就业，谈谈你需要做哪些思想准备。

第二节　争做新燕转角色

成长的困惑：

回望职校生活，王青感到欣慰的是他没有虚度光阴，通过"向内看"，他了解了自己，了解了职业；现在进而"向外看"，他开始逐步了解社会。通过上一节课的学习，他知道了就业形势的严峻，也做好了就业观念的准备。但是一个人只能去适应社会，而不能让社会适应你，所以，作为一只职场新燕的他，现在想知道从哪些方面调整自己的心态，如何做好从"学校人"到"职业人"的角色转换。

一、做好心理准备

良好的心态和稳定的心理是就业的重要前提。对于绝大多数中职生来说，学校阶段过的是一种单纯而有规律的生活，压力与烦恼来自学习和情感的较多，来自工作、社会和经济的较少。在这样的成长环境里，人容易萌发浪漫的情调和美好的设想，但毕竟学校生活与现实社会之间存在一定的

> 我是我自己最大的敌人，
> 也是我自己不幸命运的起因。
>
> ——拿破仑

距离。人要有理想，但不要理想化。因此，在从"学校人"到"职业人"的角色转换中，首先要做好的是就业前的心理准备。中职生不仅应该认清就业形势与就业环境，还应该端正就业心态，树立自信、自立、自强、自我发展的意识，努力适应社会和周边环境，提高自己的综合适应能力。

1. 准确进行职业定位

职业定位是指职业人通过对行业发展的充分了解，并根据自己的职业个性，确定出自己将要从事的职业方向。理想的就业并不是仅凭个人的兴趣和追求来选择的，除了根据社会的需要了解各种职业情况和职业要求，还有一个重要的因素，就是你能否准确进行自我职业定位。

名人名言 》》

人人都有惊人的潜力，要相信你自己的力量与青春，要不断地告诉自己：

"万事全赖在我。"

——纪德

职业定位是自我定位和社会定位两者的统一。通常面临下列情况时，容易出现职业定位模糊：（1）最初选择的专业与自身兴趣、爱好不吻合，后来也没有培养出自己应有的职业兴趣和职业能力；（2）盲目求职，人云亦云，没有充分考虑到自身的优劣势；（3）对目前的学习、工作状态不满意，但又不知所措，没有改变的勇气和实力；（4）当面临多个职业选择时，不会做出恰当的职业方向选择。

连线职场 》》

镜头一：

小马学习能力一般，长相一般，但她文明有礼，踏实勤奋，待人诚恳。每当班级值日时，她总是脏活累活抢着干。在实习时，她选择了适合自己的动车保洁一职。在工作中，她将自己有礼貌、能吃苦的优势发挥得淋漓尽致，后来与铁路保洁公司顺利签约。

镜头二：

小陈在校学习的是旅游专业，希望自己成为一名导游，可是她又不愿意为考取导游证而进行刻苦的学习。实习时，由于没有考出导游证，她被迫放弃了自己最初的职业理想，选择了公司的会议服务岗位。每天按部就班、听命于人的状态，令个性活泼的她痛苦不堪，完全没有初次就业的激动和欣喜。

镜头三：

小刘本来形象气质颇佳，曾参加学校的礼仪社、舞蹈社，擅长唱歌、跳舞，很容易给人留下美好的第一印象，于是她顺利应聘为一名高铁乘务员。实习初期多方的肯定不但没有成为她前进的动力，反而令她有了自傲的心理，觉得自己"大材小用"，总是抱怨薪水太低，一心想赚大钱。后来，因表现傲慢，她被高铁公司解聘了。

说一说：

1.这三个同是旅游服务专业的学生就业或成或败的原因是什么？

2.你认为他们三个下一步该如何进行合理的职业生涯规划？

当今社会信息千变万化，技术日新月异，人才招聘市场竞争激烈。求职者该如何进行自我定位呢？

一是必要时借助职业性格、职业能力、职业兴趣的综合测评，全面、客观、系统地评价自身的职业兴趣、职业能力、爱好特长，分析自己适合做什么、能做什么，知己知彼，寻找符合自我的角色，尽量在职业选择上少走弯路，不盲目就业。

二是分析职业行情和职场形势，在社会需求与个人兴趣爱好之间寻找两者的切合点，明确在社会中的角色定位，不要盲目地抬高自己，现在埋头，将来才能出头。

三是个人在不同的职业发展阶段所处的环境不同，尤其是当所选择的工作不适合自己时，需要重新定位自身的优劣势，进行成熟理性的思考，为以后择业做好心理和能力的准备。

总之，我们只有了解自己、了解职业、了解社会，摆正自己的位置，朝着"人职匹配"的方向努力，才不至于在就业市场中被动挨打。

连线职场 》》

教育部2012年发布的《中国中等职业学校学生发展与就业报告》显示，中职生就业率超过95%，已经高于目前大学生的就业率。对此，人们并不感到惊讶。随着我国从制造业大国向制造业强国迈进，对于蓝领型技术工人的需求量迅速增加，有一技之长的中职院校毕业生颇受青睐。同时，大学生往往眼高手低，找起工作来挑肥拣瘦，自然不如观念务实的中职生更受用人单位欢迎。

2. 克服不良心理

中职生的生理和心理正处于发育期，思想不成熟，心理不稳定，意志不坚定，行为凭感情，尤其他们涉世不深，对社会、职业、就业的认识比较单一，容易产生这样那样的心理问题。而且，现实状况是，中职生走向社会后，短短几年，他们之间的发展差别也非常大。有的如平步走阶梯，一步一步合理地规划和发展自我，成为同龄人中的佼佼者，甚至能力和才华都在大学生之上；而有的却不断地跳槽，频繁地被炒鱿鱼，甚至失业在家，过着啃老族的生活。综上所述，由于他们在就业

中的心态不一样，自然表现出的态度、能力和敬业精神也不一样，发展情况的差异就不在话下了。下面主要列举几种就业中常见的不良心理。

（1）偏重物质心理

有些中职生在求职择业的过程中，不能从自身实际特点和所学专业出发，对就业岗位存在期望值过高的心理，而且主要表现在对就业岗位性质、薪酬等方面的盲目期待。具体而言就是好高骛远，高不成低不就，无心在一个岗位上扎实工作，总想着下一个会更好。其实到头来发现还不如前面的岗位好，可是机会已经逝去。他们往往一味地考虑报酬和工作性质，认识不到积累工作经验和发展能力的重要性，是就业中的"近视眼"。持有这种心理的中职生往往在招聘会上说不上三句话就问能给多少钱，能不能安排住宿等。他们缺乏艰苦创业的心理准备，缺乏脚踏实地的敬业精神，缺乏从基层做起、从小事做起的行为，结果到头来只能是美丽幻想的破灭而已。

（2）抱怨消极心理

许多中职生初入职场时满怀期待和热情，既可以摆脱家长、老师的唠叨和约束，又可以施展自我的个性。但一接触实际，尤其是接触到社会的一些消极面，如工作的负累、严明的纪律、复杂的人际关系、看不惯的管理方式等，往往就会从兴奋的峰巅一下子跌入谷底，内心产生严重的矛盾冲突，表现为对现状不适应或者不满意，但又无力改变现状，只是一味地抱怨、焦虑。在矛盾和困惑面前，往往对自己、对未来很容易失去信心，或者不思进取、消极退缩，产生焦虑心理。

连线职场 >>

对中职实习生的要求，首先是服从工作安排，稳重踏实，能吃苦耐劳，具有奉献精神。诚实、刻苦、向上、责任心将是我们录用人才的最佳标准。我们最担心一些学生眼高手低，对企业环境和待遇过于理想化，斤斤计较。技术差点尚可以学习，倘若心态浮躁，最终将一事无成。

——某公司人事部主管

中职实习生要对自身有客观的认识，要端正实习的心态。刚来实习要目的明确，先要虚心学习，经受锻炼，有付出才有收获。企业与学校是不一样的，在学校迟到可能加以教育就可以，但在企业就予以经济处罚，每迟到一次就要扣相应的工资。

——某公司人事部部长

（3）盲目从众心理

有的中职生求职时，不能根据自己的实际情况扬长避短，而是人云亦云，没有主见，盲目从众。有时经常和他人一起结伴去应聘，一旦被录取，在单位里面也往往结伴做事，考虑小团体利益较多，既影响了单位的利益，也阻碍了自己的发展。更有甚者，听说别人在某个单位干得不错，他也盲目辞职，前去凑热闹。这种经常打一枪换一个地方的做法，危害非常大，严重影响了自己的前途和发展机遇。用人单位也非常反感这种结伴工作的就业者，所以，我们应该提高独立思考和辨别是非的能力，从自身条件出发选择职业。

（4）被动依赖心理

相对于大部分中职生主动适应社会、敢于独立担当而言，也有一小部分中职生缺乏融入社会的独立意识和承担责任的勇气。面对就业时，往往表现为不主动出击，消极逃避就业市场，抱着等、靠、要的依赖思想，依赖家人通融社会关系，试图通过关系就业；依赖老师、学校送工作上门，总念着"车到山前必有路"，天上也会掉馅饼，试图坐等就业；更有个别中职生不求上进，不愿就业，对自己想干什么、能干什么、会干什么一头雾水，只想宅在家里，逃避工作。

（5）自卑害怕心理

不能否认，由于社会的部分原因，个别中职生在求职就业时往往避免不了用人单位的鄙视、质疑甚至严重不满。社会上的这种偏见自然使部分中职生信心受挫，悲观失望，面对未来的发展就会害怕犹豫，踌躇不前。所以，中职生求职就业时应该提高自己的抗挫折能力，用自身的实际行动展示良好的素质和形象，让怀疑和批评的声音自然消退。

"以就业为导向"是职业教育的生命线，进行职业教育既要提高就业率，也要保证就业质量。以上这些不良心理的存在，严重影响了部分中职生的成长与成才，成为其职业生涯发展的瓶颈和障碍。只有克服这些不良心理，才能正视现实、接受现实，用一个职业人的心态勇敢面对工作中的组织纪律和竞争压力；才能淡定沉静下来，挖掘自己的价值所在；才能做到干一行、爱一行、专一行，培养工作所需的职业精神和职业情感；才能为将来的可持续发展奠定基础，实现自身的蜕变和超越。

心有多大，舞台就有多大

1995年，董雪被青岛某职业学校会计专业录取。刚刚进入职业学校的她，稚嫩而不失调皮，聪明却不够努力，对自己没有什么要求，对人生更是没有任何的规划，每天嘻嘻哈哈，日子倒也落得个轻松愉快。老师看得出她是一块璞玉，只是尚欠打磨。

进校不久，学校举行艺术节演讲比赛，董雪的音质很好，自信满满地报了名。没想到第一次登上舞台的她紧张得几次卡壳，尴尬退场，她的自尊心受到了极大的打击。班主任及时找到她，告诉她，人生就是一场马拉松，比赛很漫长而且会遇到很多困难，如果不及早锻炼、提前规划，就会早早被别人落下，等到冲刺时再幡然悔悟，哪怕拼命也会输掉比赛。聪明的董雪明白了，不努力就会被淘汰。她在日记里写道："进入职高，混日子可能一时会很轻松，但大把的青春就会在这看似舒服的日子里流逝、荒废，最后将一事无成。为自己找到一个合适的目标，等下次机会赢回来。"第二年的艺术节上，董雪获得了校艺术节朗诵比赛一等奖。在哪里跌倒，就从哪里爬起来，董雪成熟了许多。

毕业后的第一年，她先在一家知名品牌店里做收银员，初步接触了社会，发现自己欠缺的知识太多。她没有自卑和焦虑，而是利用业余时间，参加了高教自学考试，用了不到2年的时间，拿到了大专文凭。2000年，她在青岛雷音电子有限公司做了一名商务专员，新的岗位，新的机遇，她又为自己设定了新的目标，决心在商务领域做出成绩来证明自己。不到一年的时间里，她快速适应了角色，成了公司的业务骨干。2001年，又有一个机遇，她可以到北京发展。去还是不去？她也犹豫过，亲朋也想当然地认为"职专毕业，又是一个独生子女，没必要离家那么远"，但是很短的时间，她就坚定下来，北京是我国的首都，趁着年轻，为什么不去闯一闯，吃点苦又有何妨？2001—2003年，董雪成了北京北纬机电技术有限公司的一名高级商务员。2004年至今，董雪在北京骏业珠宝有限公司先后担任法务助理、业务主管、行政经理、运营部总监秘书及行政主管。我们祝福远在北京的董雪更上一层楼。

说一说：为什么董雪的每一步都走得非常成功？你从董雪的经历中想到了什么？

3.提高抗挫折能力

挫折是指人们在有目的的活动中，遇到无法克服或自以为无法克服的阻碍，使其需要或动机不能得到满足的情况。在心理学上，挫折是指个体有目的的行为受到阻碍而产生的情绪反应。著名作家大仲马说，人生就是不断遭受挫折与追求希望。

> 不为明天做准备的人永远没有未来。
> ——［美国］戴尔·卡耐基

人的一生不可能总是平平坦坦、风平浪静，在这条漫长的旅途中，我们难免会遭受到大大小小的挫折与失败。遇到挫折时，应进行冷静分析，从客观、主观等方面找出受挫的原因，及时调整追求目标，从挫折中寻找成功的契机，学会用乐观、坦然的心态去面对。对心理健康、人格健全的人来说，挫折是垫脚石；对胆怯畏缩、消极应对的人来说，挫折是绊脚石。

连线职场 》》

招聘

日本有一家公司要招聘10名员工。经过严格的面试，公司从300多名应聘者中选出了10名佼佼者。发榜这天，一个叫木子的青年看到榜上没有自己的名字，悲痛欲绝，回到家中便要悬梁自尽，幸好被亲人及时抢救，木子没有死成。正当木子悲伤之时，从公司却传来意外消息：木子的成绩原本是名列前茅的，只是由于计算机的错误导致了木子的落选。正当木子一家人欣喜若狂之际，从公司又传来坏消息：木子被公司除了名。原因很简单，公司老板说：如此小的挫折都受不了的人，在公司是干不成什么大事的，我们公司绝不会招聘这样的员工。

说一说：木子为什么被除名？你是怎么看待挫折的？

名人名言 >>

世上的事情，永远不是绝对的，结果完全因人而异。苦难对于天才来说是一块垫脚石，对于能干的人是一笔财富，而对于弱者是一个万丈深渊。

——巴尔扎克

知识卡片

怎样面对挫折

1. 发泄：如果心中有痛苦，可以选择多种方法进行发泄，如找朋友倾诉、唱歌、旅游。

2. 信念、精神支柱：坚信自己的信念，相信自己是好人，比别人强。

3. 责任：看到自己的责任，知道自己被需要。

4. 坚强没有理由：生存本身就是人生意义，生存就有希望。

5. 我是坚强的：不报以负面情绪反应，不要想自己委屈，要激活积极的正面情绪。

6. 相信明天：相信会走出困境，明天会更好；相信时间会医治好创伤。

7. 这是我的舞台：没有不可逾越的鸿沟，没有不可攀越的高峰，要以乐观、自信、坚韧、坦然的心态去竭力拼搏。

二、做好角色转换

角色也称社会角色，指个人在特定的社会环境中以相应的社会身份和社会地位，并按照一定的社会期望，运用一定的权力来履行相应社会职责的行为。一个人由于客观或主观原因，扮演的一种角色转换为另一种角色的过程，就是社会角色的转换。作为"学校人"和"职业人"两种不同的社会角色，他们在担负的社会责任、遵守的社会规范、承担的社会权利、活动的内容和方式上都有很大差别。如果做不好角色的转换，肯定会出现无法适应社会的系列问题，使自己的就业前景阴云密布。

知 识 卡 片 　　　　"学校人"和"职业人"有哪些具体的不同?

学校文化	工作文化
● 弹性的时间安排	● 更固定的时间安排
● 你可以不听课	● 你不能旷工
● 更有规律、更个别的反馈	● 无规律和不经常的反馈
● 长假和自由的节假休息	● 没有寒暑假,节假休息很少
● 对问题有正确答案	● 很少有问题的唯一答案
● 教学大纲及教师提供明确的任务	● 任务模糊、不清晰
● 允许分数较低	● 行为不许出错
● 工作循环周期较短	● 持续数月或数年的更长时间的工作周期
● 奖励以分数和少量物质为基础	● 奖励更多是以主观性标准和个人能力为基础

如何做好角色的转换呢? 可以重点从以下几个方面做起。

1. 成长导向向责任导向的转变

承担角色责任是从"学校人"向"职业人"角色转换的基础。为顺利完成这一转换, 中职生在学生时代, 应把每天的实验、实训当作真正的职业活动来完成, 认真完成班级、学校交给的任务, 有意识地培养自己的责任感。毕业后初入职场, 在面对琐碎、单调、重复的工作时, 要克服不安心工作的现象, 尽快熟悉新环境, 找准角色、爱岗敬业、任劳任怨, 进一步强化责任感。

连线职场 》》

圣水

一次海难事件中, 幸存者8人挤在一只救生艇上, 在海上漂荡着, 仅有的淡水是半瓶矿泉水。每个人都恶狠狠地盯着那半瓶矿泉水, 都想立刻把它喝下去。船长不得不拿着一杆长枪看着这半瓶水。坐在船长对面的是一名50多岁的秃顶男人, 他死死盯着那半瓶水, 随时准备扑上去喝掉那仅剩的救命水。当船长打盹的一瞬间, 秃顶男人猛然扑上去, 拿起矿泉水瓶就要喝, 被惊醒的船长拿起长枪, 用枪管抵着秃顶的脑门命令道:"放下, 否则我开枪了!"秃顶只好把矿泉水瓶放下。船长把枪管搭在矿泉水瓶的瓶盖上, 盯着坐在对面的秃顶,而秃顶仍眼睛不离那决定众人命运的半瓶水。双方就这样对峙着。后来船长实在顶不住了，昏了过去。可就在他昏过去的一瞬间，他把枪扔到了秃顶的手里，并且说了一句："你看着吧！"

原来一心想要自己喝掉那半瓶水的秃顶，枪一到他手里，他突然感到自己变得伟大了。接下来的4天，他尽心尽力地看着那剩下的半瓶水，每隔两个小时，往每个人嘴里滴两滴水。到第4天他们获救时，那瓶救命的水还剩下瓶底的一点水。他们8人把这剩下的水起名为"圣水"。

想一想：秃顶男人行为的转变说明了什么？

2. 个性导向向团队导向的转变

一般来说，个性就是一个人的整体精神面貌，即具有一定倾向性的心理特征的总和。每个人都有自己的性格，这就叫个性。人们通过各种言行、打扮、穿着来表达自己的个性，区别着每个人的不同，包括眼光、做事态度、爱好等，都属于个性。

不一样的时代，培养不一样的人；不一样的时代，陶冶不一样的精神；不一样的时代，拥有不同的个性。这是一个主张个性独立、个性张扬的时代。于是，在个性方面出现了很多不同的声音。比如，有的人把标新立异当个性，有的人把敢作敢为当个性，有的人把不拘小节当个性，有的人把颓废空虚当个性。

学以致用 》》

手机彩铃的故事

有个员工的手机彩铃是"就不接，就不接，我就不接你电话，别人电话我都接，就是不接你电话"。老板给这个员工打过很多次电话，都没人接。终于有一天，老板连打了很多电话给这个员工，还是没人接，一气之下就把那人给开除了。

说一说：你认为什么是真正的个性？

学校人际关系简单，教师鼓励学生有自己的个性特点，并尊重学生的个性发展，以确保每个学生在自己的基础和能力上，扬长补短地发展自己。而到了工作岗位，人际关系相对复杂。这时，相对于尊重个性而言，团队意识和合作精神更为重要。因为社会是一个巨大而复杂的系统，需要分工协作，我们在提供服务的同时，也在享受着别人的服务，而且在单位里，一项工作往往需要多人的有效配合才能完成，单靠孤军奋战是无法胜任工作的，因此，现代企业非常注重团队精神。

3. 理论导向向行为导向的转变

从理论导向向行为导向转变，要求"职业人"行为不许出错。中职生在学生时代，学习活动以思维为主，着重表现为思考、理解、记忆。而职业活动是实实在在的劳动，要求具有很强的动手能力，不允许出错，因为一旦出错，往往造成不可估量的损失。所以，中职生要通过学校的理论学习和实践操作，养成严谨的习惯和作风，特别要重视社会实践、实训见习的机会，为就业后的万无一失做好准备。

人生故事 》》

转换是一种能力

王建中，青岛某职校毕业生，现在的他已光荣地成长为中国人民解放军三军仪仗队的一名战士，并参加了新中国成立60周年国庆大典的阅兵仪式。

熟悉他的人都知道，王建中稳重热情，精诚忠厚，有着成为一名出色军人的基本素养。为了进一步锤炼自己，培养自己吃苦耐劳、果断勇敢的品质，他给自己制订了"三步走"的计划：第一步，珍惜时间，努力学习，升入高职院校，继续深造，以提高自己的文化素养和学历层次。第二步，积极参与班级管理和校学生会工作，丰富自己的实战经验。竞选班长，提高自己的组织管理能力、协调能力和人际沟通能力；竞选校卫生部的部长，树立"为他人服务"的思想。据他回忆，做了两年的卫生部长，他带领学生干部检查卫生，对一片纸屑、一个污迹、一点残渣的清理与关注，帮他养成了注重细节的好品质。每次的卫生部开会，他都接受了很多爱护卫生、保护环境、保持整洁的思想教育，这些思想也潜移默化地改变着他的生活习惯，而这些习惯正是一名军人所必须具备的。第三步，积极参加班级、学校组织的活动，他本着"参与就是学习，经历就是财富"的人生理念，活跃在学校的各项文体活动中。他的性格有个鲜明的特点，那就是"一旦决定了的事就会非常坚定而且自信地去做，并且要把它做好"。正是这种性格造就了他坚强、乐观的一面。

王建中跨专业转身的背后，是一种人生道路的转换，其实转换是一种厚积薄发的能力释放。一个人的一生中，职业转换的可能性很大，如果我们有足够的能力选择，掌握更大的主动性，人生便会大有不同。

4.智力导向向品德导向的转变

常言道，要做事，先做人。学校工作是以德育为首，培养学生的综合素质，而智力高、成绩好的学生往往是家长、老师和同学心目中的好孩子。走向社会后，评价标准发生了变化，因为企业追求的是效益最大化，而企业的效益依靠员工的奉献精神，依靠员工之间的精诚合作，因此职业道德是用人单位最看重的品质。中职生在学生时代，不应重智轻德，在学习、生活中都要认真做人，为职业生涯的顺利起步做好准备。

知识卡片

有德有才破格使用，有德无才培养使用，有才无德限制使用，无德无才坚决不用。

——企业用人标准

连线职场 》》

单位最看重毕业生的什么素质（哈佛大学10年调查结果）

单位最看重毕业生的什么素质？美国哈佛大学10年的调查结果再次表明，企业已不再单纯用高学历、高分数的标准来衡量毕业生了，而是用是否具有优良的人品、敬业精神、团队意识、吃苦耐劳的精神等重要指标来评价毕业生。

（1）优良的个人品质

简而言之就是人品。对企业而言，员工的品质就是企业的"品质"。所谓做事先做人，有德无才要误事，有才无德要坏事，德才兼备方成事，这是对每一个毕业生的基本要求。很多企业宁愿要品质好而专业知识成绩较差的人，也不愿要专业知识成绩优秀而人品低劣的人。因为专业知识欠缺一些可以通过企业的各种培训、深造机会弥补，但低劣的人品是无法弥补的。美国工商企业界人士认为："成绩优秀而品质败坏的毕业生只会损坏企业形象。"

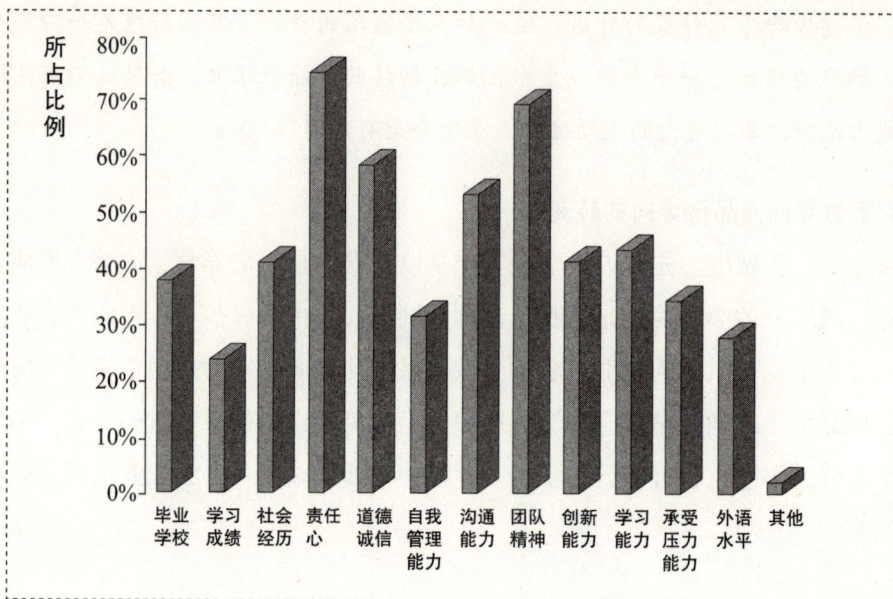

（2）强烈的敬业精神

强烈的事业心和责任感是企业和社会对毕业生最基本的素质要求，也是毕业生成才的基础、事业腾飞的起点。企业和社会希望并要求毕业生把选择的"职业"当作长期追求的"事业"，要热爱、投入和执着，要与企业同甘苦、共患难、荣辱与共，而不仅仅是赚钱谋生的"工作"和临时落脚点。一个有强烈的事业心和责任心的毕业生，不会只关注企业能够为自己提供什么而不考虑自己能够为企业带来什么价值。

（3）良好的团队协作能力

企业发展离不开团队协作，个人成长也离不开团队成员的帮助。企业的盛衰成败在很大程度上取决于其成员相互协商、相互尊重、相互凝聚的程度。所以，企业非常看重毕业生的团队协作精神。毕业生也只有将个人融入团队，个人发展才会更加顺利。

（4）敢于拼搏、吃苦耐劳的精神

企业和社会非常欣赏勤奋、上进、肯吃苦的年轻人。毕业生在未来的道路上，会碰到这样或那样的困难。在学生时代就要有长期忍受痛苦的思想准备，要耐得住寂寞，敢于拼搏，经得起各种困难的考验，不断进取，并具有吃苦耐劳、百折不挠的精神。

（5）扎实的专业技能

学习成绩虽然不是企业用人的唯一标准，但是仍然是企业衡量毕业生的一项无可替代的重要标准。熟练掌握或精通某项专业技能，打下坚实的专业知识基础，永远都是企业对毕业生的最基本的要求之一。刚刚毕业的学生只能称为"人材"，掌握了一定的专业技能的毕业生可称为"人才"，而能为企业和社会创造财富的毕业生方能称为"人财"。

（6）不断创新的意识和能力

企业对人才能力的需求已由过去的一般能力要求，发展到以"创新能力"为核心的特殊要求。那些善于运用自己的大脑去不断探索、开拓和创新的毕业生是企业最看重的人才，因为他们永远不满足于现状，孜孜不倦地向更新、更高、更强的目标挑战。

（7）较好的心理素质

心理素质的好坏，直接影响到毕业生是否能够在艰苦或不利的环境中很快调整自己的状态，保持旺盛的斗志，朝气蓬勃，积极进取。毕业生要学习和掌握一定的心理知识，培养自信、豁达、乐观的思想素质，坚强、果断的意志品质和广泛的情趣爱好，进行友好的人际交往，使自己的精神生活充实健康，自我个性意识稳定发展，从而增强自我调节心理状态的能力，能经受各种挫折和压力，以适应未来的社会竞争。

一言以蔽之，具有优良的人品、扎实的基本功、吃苦耐劳的精神、强烈的事业心、不断创新的意识、良好的团队协作能力和明确的追求目标的毕业生才是企业和社会所需要的。

三、积极适应角色

连线职场 》》

优秀实习生风采

——青岛某职校2010级通信专业毕业生马琳

马琳在校时担任过班长、卫生委员和校礼仪队队长。2012年3月1日，马琳作为青岛电信与海尔的第一批新员工，来到海尔实习。对这份工作，她有着自己的执着。在马琳的努力付出下，刚到海尔一个月，她就受到了客户的致电表扬。因为表现优秀，经过海尔二线经理的面试，她担任了小组长，身上也多了一份责任。因为服务态度优秀，在6月，她又受到了客户的网络表扬："海尔14号，棒棒的，不买海尔的产品都应该知道海尔14号。"不久前，她获得了海尔对优秀员工的奖励活动"爸爸妈妈约会吧"，这不仅是公司对她的肯定，也是足以让家人为她的努力而自豪的事情。

马琳说，对于一个新职员而言，用户的表扬是她的动力，她很荣幸。她用汗水和时间来让自己更快地成长，更好地适应了角色的转换。

角色转换之后，面临的一个很现实的问题就是角色适应。能否迅速而有效地适应角色，体现的是个人的角色适应能力。角色适应能力是指调整自己的角色行为使之与角色期望逐渐吻合的能力。积极适应角色，要注意以下几个方面。

1. 做好每一件小事，靠能力立身

小事不愿干，大事干不了，是刚参加工作的新人最容易犯的毛病。要注意大处着眼，小处着手，一丝不苟地做好每一件小事。小事中见大精神，可为以后做大事积累资源。其实，公司内部没有绝对的小事，每一件事都是相互关联的，细节往往决定成败，细微之处方见一个人的品质和境界。

对于新的岗位，你毕竟有许多工作上的"盲区"，需要学习新的知识，提高新的技能，了解新的情况，适应新的环境。面对诸多的问题，一方面，要善于发挥自己的长处；另一方面，注重弥补自己的不足，有针对性地完善知识结构，充实学习内容。这样，你才能尽快熟悉业务，进入角色，独当一面，靠能力立身。

2. 尊重身边每一个人，体现人格，以魅力服人

在现代社会里，知识不等于能力。人际关系是否密切，关系到人们生活的忧乐和事业的成败。如果没有良好的人际关系，就会立足不稳，更谈不上实现自己的理想。因此，到新的岗位，一定要尽快适应岗位。礼貌用语挂在口上，多表达对别人的敬意和尊重，上至公司的高管，下至传达室的师傅及卫生保洁人员。在平日的私交和工作关系中，不因人而异。礼多人不怪，让公司里的人感受到你对他们的尊重和认可，这是成功的一件法宝。

待人接物要谨小慎微。思想上不能放松，行动上不能越轨，与人相处多说些赞

美的话、和谐的话，多做些"送人玫瑰"的事，少说些伤人刺人的话，少干些与人争吵的事，千万不要背后议论是非、挑拨离间，以自己的低调、谦虚、宽容、豁达赢得同事的尊重。

3. 展现主动热情的个性，唤醒使命感

我们知道，长时间在某一环境下工作，人们很容易成为技术娴熟的工作骨干，但日复一日地重复相同而琐碎的事务，就会有一种被掏空了的感觉。再加上如果很少得到上级的表扬，或者经常得到不好的评价，这样就会很容易产生一种无助感，从而导致工作情绪低落。所以出现这种情绪，主要是因为这些人只知道单一工作，而没有明白自己工作的价值。年轻人表现热情主动是不会吃亏的，在办公室里，口、眼、手、心都要到，做一个受人欢迎的人、待人热情的人。比如，主动打水，主动打扫卫生，主动对同事表示关心，同事忙不过来时主动伸出援手，这样很容易建立良好的人际关系，也容易得到领导的赏识和认可。其实，只要在工作中树立起使命感，明确自己要实现一定的价值，就能在个人的工作中产生前进的动力。

人生故事 》》

和工作谈恋爱

大家都知道，在恋爱的时候，人们的激情是很高的，即使劳作很久，只要是与自己所爱的人在一起，就不会觉得很累。史密斯是一家汽车清洗公司的经理，他所在的店是12家连锁店中的一家，生意相当兴隆，而且员工都热情高涨，对他们自己的工作表现得很骄傲，都感觉生活是美好的……但是在史密斯来此之前不是这样的，那时，员工们已经厌倦了这里的工作，他们中有的已经打算辞职。史密斯用自己昂扬的精神状态感染了他们，让他们重新快乐地工作起来。

史密斯每天第一个到达公司，微笑着向陆续到来的员工们打招呼，把自己的工作一一排列在日程表上。他创立了与顾客联谊的讨论会，时常把自己的假期向后推迟……在他的影响下，整个公司变得积极上进，业绩稳步上升。他的精神改变了周围的一切，老板因此决定把他的工作方法向其他连锁店推广。

对此，史密斯说："我至今工作快10年了，因为我的工作总是与人打交道，所以遇到的困难很多，有时候一项决定下来特别容易得罪人，但是我会自我调节，总是让自己保持工作激情。保持工作激情的方法就是，你要和你的工作谈恋爱。首要条件就是，你得爱上它，不断地发掘它的魅力，不断地去征服它。而且精神状态是可以互相感染的，如果你始终以最佳的精神状态出现在办公室，工作就有效率而且有成就，那么你的同事一定会因此受到鼓舞，你的热情会像野火般蔓延开来。"

4. 谨言慎行，不妄加评论公司的制度和规定

人在职场，不能像在家里那样随心所欲，职场上的有些规则文化是显性的，也有很多职场规则是无形的。作为年轻一代，平日发牢骚，可能司空见惯，但公司里有着严明的组织纪律和规章制度，如果动不动就对制度质疑，动不动就上书一次，或者对自己看不惯的人和事评头论足，到时候会搬起石头砸自己的脚，能不能保住这个饭碗都是问题。

连线职场 >>

办公室里的"隐性规则"

萍萍由于日语棒，幸运地进了一家日本公司。虽然只是做"管理科"的一般文员，她也已经很满足了。一天，萍萍复印完文件回办公室时，路过公司那条长长的走廊，发现走廊边上有一片废纸片，看了觉得很难受。虽然时不时有人路过，但大家好像都没看见似的。萍萍手里有很多文件夹，但她还是很吃力地弯腰捡起了废纸片，把它放进了垃圾桶。

第二天，科长对萍萍说，老板要找她谈话。老板一边详细地在人才信息网看着萍萍的个人资料，一边对萍萍说："尊敬的萍萍小姐，昨天我看到您路过走廊时，虽然抱着很厚的文件夹，但是仍然弯腰捡起地上的废纸片，并把它放进垃圾桶。这说明您有着良好的道德。坦白地说，这是我做的一个测试，在经过的5个人中，只有您一人走过时捡起了那片废纸片。我深信，良好的道德是做一个合格秘书的首要条件。我的秘书下月要调换了，我非常希望您能够担任我的新秘书。"

从老板的办公室出来之后，萍萍很开心地对科长说了刚才发生的事情，想

要和大家分享一下喜悦。大家也纷纷对萍萍表示祝贺，可是萍萍总觉得他们的表情不是很自然，尤其是科长，先是显得很吃惊，但立刻脸上又堆满了笑容，一看就知道是装的。萍萍做了老板的秘书以后，还是像过去那样每天都很开心地来上班，很开心地和每位同事亲切地打招呼。可是，大家和她之间的距离却越来越远了，工作也常常会遇到以前没有过的麻烦，而且她发现有时同事们会在她的背后窃窃私语。

有一次，萍萍在卫生间里偶然听到两个女同事在洗手时说："你今早看到老板的那个新秘书了吗？瞧她那个飞扬跋扈的腔调，讨厌！""就是那个捡废纸片的女人？神气什么，不就是捡了张废纸片吗？谁不会呀。""就是。"听到她们的谈话，萍萍愣住了，怎么会这样呢？

职场环境比较复杂，某人才招聘会提醒：不要忽视了别人的嫉妒心。嫉妒是人之常情，尤其是面对这种看似轻松的升迁。萍萍错就错在不该把自己升迁的原因"大声宣布"。如果她能低调一点处理，让人不知其所以然，也许更能树立威信。

5. 抱着学习的态度，不断充电

校园和职场是两个完全不同的环境。从校园到职场，是从书本理论知识的学习到实际应用能力的一个过渡，面临着新的环境和新的规则，需要永葆一种学习的心态。老板一般看重新人能否给单位带来活力，能否提出和接受新的经营观念。尤其有些老板学习能力减弱，他会很看重新人的学习精神和学习能力。职场新人要有一种从零做起的心态，充分尊重同事的意见，虚心向师傅及其他人学习，既要学习优秀者身上的敬业精神，又要学习他们的专业技能；同时，不放弃对理论和知识的学习，不断地充电，以提高自己的文化知识和专业技能。

知 识 卡 片

请这样提醒自己

每一次困惑都提示要学习新知识

每一次无奈都督促提高沟通能力

每一次心悸都期待提高心理素质

每一次迷茫都预示可能增加经验

每一次失误都可能提供进步机会

每一次冲突都提醒调整价值观念

每一次情绪波动都是机会在敲门

学以致用 》》

1. 生涯探索是人在一生中不断进行的活动。根据目前的个人实际，请列举你将从哪些方面做好从"学校人"到"职业人"的转变。

2. 失败不算什么，放弃自己才是永远的失败。职业生涯规划的关键在于：定向、定心、定位。请与同伴交流一下自己对未来职业的想象，听听他人的意见和看法。

第三节　未雨绸缪好求职

成长的足迹：

在学校里，王青看到同学们都根据个人规划，朝着自己的下一个目标继续努力着：有的同学准备通过"3+4"本科、三二连读大专的考试，可以直接升入本科或专科院校深造；有的同学打算参加春季高考，正认真学习，为迎接人生的又一大考做着准备；还有很大一部分同学，像他一样，准备实习就业，怎么找工作，找一个什么样的工作就成了当务之急。王青觉得应该通过学校、网络、家长和媒体等途径了解目前的就业信息，以迎接学校每年6月份举办的校企"双选会"。王青被告知参加"双选会"面试，首先要递交个人的求职信或求职简历，然后等公司的面试电话。那么，此时的他该如何未雨绸缪，撰写一份漂亮的求职信或者制作一份精美实用的个人求职简历，以顺利渡过求职的第一关呢？

一、收集就业信息

1.感受活力、时尚、魅力青岛

青岛是全国首批沿海开放城市、中国海滨城市、全国文明城市、国家卫生城市、国家园林城市和国家森林城市，也是中国最具幸福感城市，被誉为"东方瑞士"。作为世界啤酒之城、世界帆船之都，青岛是国务院批准的山东半岛蓝色经济区规划核心区域龙头城市。

截至2017年，青岛总面积为11282平方公里，辖7个区，代管3个县级市，有1个国家级新区（青西新区），总人口为920.4万人。2017年，全市生产总值实现11000亿元左右，同比增长7.5%左右；全体居民人均可支配收入增长8%左右；动能转换实现新突破；城市品质实现新提升；群众生活得到新改善……2018年，青岛的四条地铁、三大峰会、两条铁路、一个新机场，作为十大议程事件，如高昂的新年序曲，旋律振奋人心！

有一说一 》》

请简单列举青岛近几年在经济建设和城市建设方面取得的巨大成绩，对此，你感到了哪些机遇与挑战？

推进"环湾保护、拥湾发展"战略，全域统筹、三城联动、轴带展开、生态间隔、组团发展，大青岛城乡一体化发展格局初步形成。在统筹发展中，青岛着力优化城市空间布局，制定实施战略发展系列规划、蓝色经济区布局规划、市域城镇体系规划以及董家口、鳌山湾等新城总体规划。半岛蓝色经济畅想给我们提供了更多的机遇与挑战，一方面需要大量的人才，产生大量的就业机会，另一方面对人才素质的要求也会越来越高。青岛市委书记张江汀明确提出：当前和今后一个时期，奋力把青岛建设得更加富有活力、更加时尚美丽、更加独具魅力。

2. 收集就业信息的途径

在"蓝色经济曲"的齐鸣中，在就业形势依然严峻的当下，作为中职生的我们要做的是不断提高自己的业务水平和综合素质，紧跟时代发展的步伐，争当蓝色经济中的一名弄潮儿。就业不仅是实力的竞争，也是信息的竞争。作为涉世未深的中职生，如何通过正当的途径，去粗取精、去伪存真地甄别、筛选、收集就业信息，把握就业的主动权呢？可通过以下途径收集就业信息。

（1）校内主管实习就业部门

现在，青岛的绝大多数中职学校实行的都是"四二分段"，即学生在校学习两年，第三年基本都走向社会，顶岗实习。多年来，学校和企业开展的"产教融合、校企合作""工学结合、知行合一"的发展模式，使学校掌握了大量的企业用工信息。很多学校每年6月毕业季，都举行校企供需"双选会"，届时将有几十个与专业相关的用人单位在学校展开面试。还有一些外地实习及海外互惠生项目，都必须通过学校来完成。这些都决定了学校是收集和提供就业信息的主渠道。党的十九大报告提出，完善职业教育和培训体系，深化产教融合、校企合作。这给中国职业教育的未来发展作出了清晰的定位，也意味着职业教育的新时代到来了。

人生故事 >>

不忘初心，不畏将来

胡萍在第44届世界技能大赛上参加时装技术项目比赛（图片由北京市工贸技师学院提供）

胡萍，圆圆的脸，齐耳的短发，戴着大框眼镜，笑起来萌萌的，很难把她和"世界冠军"联系在一起。但这个北京姑娘真的做到了，她在2017年10月举行的第44届世界技能大赛上，战胜29个国家和地区的选手，夺得时装技术项目的金牌。她也是我国金牌得主中唯一的女选手。回忆起在第44届世界技能大赛时装技术项目上夺金的经历，胡萍最难忘的是"对花"——不仅要在规定时间内把衣服裁好，还要把花纹对接在一起。她说，在比赛中，判断服装面料，练习立体裁剪，平面制版，缝纫制作……得益于过去4年在北京市工贸技师学院服装设计与制作专业的学习。胡萍对于比赛中的这些流程得心应手，而这些内容都是职业学校根据市场需要所设计的课程。

除了课堂学习，胡萍还需要到服装企业去实习。她需要与设计师沟通，选择面料，制版并下单到生产部门，最后产出自己的服装作品。"如何让服装排料更经济、更省面料，是否保持工作台整齐，这些细节都考验着一个服装从业人员的职业规范和职业素养。"胡萍说。

世界技能大赛由世界技能组织举办，每两年举办一届，是世界上地位最高、规模最大、影响力最大的职业技能赛事，被誉为"世界技能奥林匹克"，代表了职业技能发展的世界水平。

（2）各种类型的毕业生就业市场

为做好每年的毕业生就业工作，各地方、各行业都要举办规模大小不等的"人才市场"，这些"人才市场"为毕业生就业提供了大量的信息，毕业生应珍惜并抓好这些机遇。这些"人才市场"除了信息量大，还可使毕业生和用人单位直接洽谈，相互了解情况，有不少毕业生就是通过这一途径确定工作单位的。

学以致用 >>

秀自己，你准备好了吗?

2016年6月下旬，一家公司的招聘人员来到青岛某职校进行面试，面试失败者身上暴露了几个比较典型的问题。

问题1：自我介绍太简短。面试官要学生简单介绍一下自己，很多同学只说自己是什么专业的某某，多少岁，家住哪里，就再无下文。

问题2：情绪紧张，缺乏自信从容，存在背诵稿子的迹象等。个别同学在面试时，手脚不自在，偶尔挠挠头、扭扭身子，说话缺乏条理，显然缺乏平日的实战锻炼。

问题3：没有做到诚信和实话实说。刘同学面试资料不真实，没参加过假期勤工俭学，没到过工厂实习，却列举了一些工作经验，结果露出马脚。李同学没当过学生干部，也填写当过班长、学习委员等，面试官一问具体情况，就露了怯。王同学平时少言寡语，面试官问他有何特长和爱好时，他说没什么特长，也没什么特别爱好，对什么都不太感兴趣，面试官听了一笑了之。

问题4：对面试的公司缺乏了解。李同学面试时，面试官问他对本企业了解多少。他想了半分钟，然后说道："我接到面试时还没来得及查看公司的资料，所以不太了解。"面试官对他说："我们招人，自然希望他能了解我们公司。"

说一说：针对面试失败者身上暴露的几个问题，你打算怎么应对呢？

（3）计算机网络

通过互联网（Internet）获得就业信息，是毕业生在信息时代搜集信息的一种高效、便利的途径。不少省、市和学校都建立起了毕业生电子信息网络。这些网络大多并入了国内各大网站，毕业生既可以从中查阅到职业需求信息，又可以将个人求职材料输入网络系统，供用人单位在招聘时参考。很多中职学校都非常注重校园网络的建设，校园网全面记录了学校的发展运行状况。尤其是学校的招生就业专栏，更是提供了足够多的信息，供毕业生参考。

（4）有关就业指导的报刊及电视媒体

当地的报纸每天都有大量的用工信息，一些有关就业指导的期刊中也经常附上有关用人单位的情况介绍和需求毕业生的专业及人数等，还有电视台也经常发布招聘信息，这些都是获取就业信息的渠道。

（5）家人、朋友或他人

在实际就业信息的收集处理中，也有很多信息来自家人、朋友或者他人。这种靠着个人的社会关系获得的就业信息，相对而言，针对性强，有效性高，具有很大的参考和使用价值。但是，有的信息和专业相差较远。

（6）直接毛遂自荐

这种做法，需要求职者具有较高的勇气、文明得体的举止、合适的语言表达和一定的真才实学，方能成功。否则，容易适得其反。所以，加强平日的训练和修养是非常关键的。

"产教融合"：中国职业教育迎来新时代

2017年12月5日，国务院办公厅印发了《关于深化产教融合的若干意见》（以下简称《意见》）。

《意见》指出，深化产教融合，促进教育链、人才链与产业链、创新链有机衔接，是当前推进人力资源供给侧结构性改革的迫切要求，对新形势下全面提高教育质量、扩大就业创业、推进经济转型升级、培育经济发展新动能具有重要意义。要全面贯彻党的十九大精神，坚持以习近平新时代中国特色社会主义思想为指导，深化职业教育、高等教育等改革，促进人才培养供给侧和产业需求侧结构要素全方位融合，培养大批高素质创新人才和技术技能人才，加快建设实体经济、科技创新、现代金融、人力资源协同发展的产业体系。

《意见》明确，要同步规划产教融合与经济社会发展，将教育优先、人才先行融入各项政策；统筹职业教育与区域发展布局，引导职业教育资源逐步向产业和人口集聚区集中；促进高等教育融入国家创新体系和新型城镇化建设；建立紧密对接产业链、创新链的学科专业体系，大力支持集成电路、航空发动机及燃气轮机、网络安全、人工智能等学科专业建设；健全需求导向的人才培养结构调整机制，强化就业市场对人才供给的有效调节，严格实行专业预警和退出机制。

《意见》提出，鼓励企业依法参与举办职业教育、高等教育，坚持准入条件透明化、审批范围最小化。深化"引企入教"改革，支持引导企业深度参与职业学校、高等学校教育教学改革。支持校企合作开展生产性实习实训，鼓励企业直接接收学生实习实训。以企业为主体推进协同创新和成果转化，加快基础研究成果向产业技术转化。发挥骨干企业引领作用，带动中小企业参与，支持有条件的国有企业继续办好做强职业学校。

《意见》要求，要推进产教融合人才培养改革，将工匠精神培育融入基础教育。推进职业学校和企业联盟、与行业联合、同园区联结，实践性教学课时不少于总课时的50%。健全高等教育学术人才和应用人才分类培养体系，为学生提供多样化成长路径。大力支持应用型本科和行业特色类高校建设，提高应用型人才培养比重。鼓励有条件的地方探索产业教师（导师）特设岗位计划。完善考试招生配套改革，逐步提高高等学校招收有工作实践经历人员的比例。

《意见》强调，要强化行业协调指导，规范发展市场服务组织，打造信息服务平台，健全社会第三方评价，促进产教供需双向对接。要利用市场合作和产业分工，构建校企利益共同体，形成稳定互惠的合作机制，促进校企紧密联结。

二、制作个人求职简历

尽管俗话说"酒香不怕巷子深"，可是在当今就业形势严峻、劳动力资源供大于求的情况下，如果求职者不能合理地展示自己的优势，不了解招聘单位的需要，不会灵活地、多角度地推介自己，同样会遭受求职的失败。当求职者用心去选择用人单位的时候，用人单位也在千方百计地考察着求职者，测试他们的品德，分析他们的心理，考量他们的能力，试探他们的合作精神等。所以，要想顺利通过面试这一关，就要学会恰如其分、扬长避短地推销自己，而推销自己的最重要途径之一就是制作个人求职简历，这是给招聘单位的一份"见面礼"，也是展示应聘者素质的一块"门面"。

简历写得好坏，关系到应聘的成败。什么样的简历算是一份好简历呢?

第一，简历无固定格式。在写简历的过程中，要考虑这份简历会给看的人留下什么印象，与别人的简历能否有种区分的感觉，以及在简历中突出什么。

第二，简历一定要如实填写。弄虚作假是要不得的，有趣的是简历中的重复现象很严重。比如，关于个性，很多人都会写"乐观开朗""富有创新精神"等；关于语言能力，大家就会写"流利"等。大多数人认为只要是好的就往上写，实际上，写的内容越多，被问到的机会越多，就越容易露馅。

第三，明确自己的求职目标。很多中职生在择业方面目标含糊，对所应聘的公司及职位并不十分了解，也不知道是否适合自己，就盲目去尝试。比如，很多简历的制作是适合每个公司的，没有个性和针对性，只要是好的都写上，一看就知道他

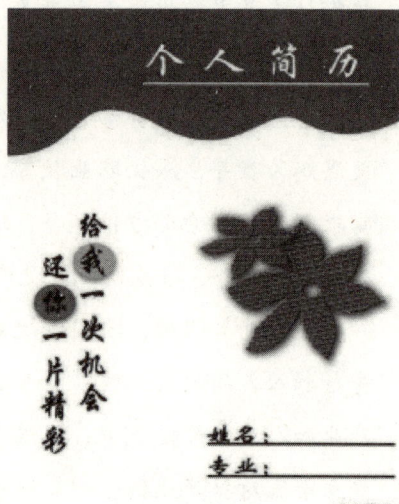

在四处投递，普遍撒网。这样做不仅对应聘者本人的形象造成不好的影响，而且影响学校的形象，浪费招聘单位的时间，还有可能使真正合适的人错过机会。

第四，简历要尽量简明。简历并不是写得越多越好。一份好简历，15秒给人留下深刻印象，30秒让人看到你的价值。

第五，必要的附件。要尽量提供个人简历中提到的业绩和能力的证明资料，并作为附件附在个人简历的后面。一定要记住是复印件，千万不要寄原件给招聘单位，以防丢失。

第六，个人简历最好用A4标准复印纸打印。字体最好采用常用的宋体或楷体，尽量不要用花里胡哨的艺术字体和彩色字。排版要简洁明快，切忌标新立异，不要排得像广告一样。

名人名言 〉〉

人生事实上就是一连串的选择，当一个机会消失后，必定又有一个新的机会出现。如何把握眼前的机会，往往是你一生中最重要的事情。

—— 原一平

人生故事 〉〉

世界上最伟大的推销员乔·吉拉德——你就是唯一

乔·吉拉德1929年出生于美国一个贫民家庭，他从懂事时起就开始擦皮鞋、做报童，还做过洗碗工、送货员、电炉装配工和住宅建筑承包商等。35岁以前，他只能算个全盘的失败者，由于患有严重的口吃，换过40个工作仍然一事无成。此后，他开始步入推销生涯。谁能想象得到，这样一个不被看好，而且背了一身债务几乎走投无路的人，竟然能够在短短3年内被吉尼斯世界纪录称为"世界上最伟大的推销员"。他至今还保持着销售昂贵商品的空前纪录——平均每天卖6辆汽车！他一直被欧美商界称为"能向任何人推销出任何产品"的传奇人物。

名片是成功的开始。乔·吉拉德有一个习惯：只要碰到一个人，他马上会把名片递过去，不管是在街上还是在商店里。他认为生意的机会遍布于每一个细节。"给你个选择：你可以留着这张名片，也可以扔掉它。如果留下，你就会知道我是干什么的、卖什么的，细节全部掌握。"他认为，推销的要点不是推销产品，而是推销自己。他甚至不放过借看体育比赛的机会来推广自己。他的绝妙之处在于，在人们欢呼的时候把名片雪片般撒出去。

深深地热爱着自己的职业。乔·吉拉德相信，成功的起点是首先要热爱自己的职业，无论做什么职业，世界上一定有人讨厌你和你的职业，那是别人的问题。他曾问一个神情沮丧的人是做什么的，那人说是推销员。乔·吉拉德告诉对方："推销员怎么能是你这种状态？如果你是医生，那你的病人会杀了你，因为你的状态很可怕。"他也被人问起过职业，当听到答案后，对方不屑一顾地说："你是卖汽车的？"但乔·吉拉德并不理会，说道："我就是一个推销员，我热爱我做的工作。"

工作是通向健康和财富之路。当时全世界的普通纪录是每周卖7辆汽车，而乔·吉拉德每天就可以卖出6辆。他认为，最好在一个职业上待下去。因为所有的工作都会有问题，明天不会比今天好多少，如果频频跳槽，情况会变得更糟。他特别强调，一次只做一件事。

倾听和微笑。乔·吉拉德说，有两种力量非常伟大：一是倾听，二是微笑。"倾听，你倾听得越久，对方就会越接近你。据我观察，有些推销员喋喋不休。上帝为何给我们两只耳朵、一张嘴？我想，意思就是让我们多听少说！"他说，有人拿着100美元的东西，却连10美元都卖不掉，为什么？你看看他的表情。"当你笑时，整个世界都在笑。若一脸苦相，则没有人愿意理睬你。"

爱的信息是唯一的诀窍。乔·吉拉德自信地说："我打赌，如果你从我手中买车，到死也忘不了我，因为你是我的！"他卖车有些诀窍，就是要对所有客户的情况都建立系统的档案，每月要发出1.6万张卡，并且，无论买他的车与否，只要与他有过接触，他都会让他们知道他记得他们，他寄卡的所有意思只有一个字：爱。世界500强中，许多大公司都在使用他创造的这套客户服务系统。

你就是唯一。乔·吉拉德的衣服上通常会佩戴一个金色的"1"。有人问他："因为你是世界上最伟大的推销员吗？"他给出的答案是否定的。他说："我是我生命中最伟大的！没有人跟我一样。""如果看到一个优秀的人，就要挖掘他的优秀品质，移植到你自己身上。"

所以，亲爱的朋友：

不管你现在在何处，你将要去何处非常重要！

不管你现在起点如何，你以后要达到的高度非常重要！

不管你现在现状如何，你开始行动比什么都重要！

名人名言 >>

没有得到你的同意，任何人也无法让你感到自惭形秽。

——埃莉诺·罗斯福

有一说一 >>

有人曾把简历中常见的问题形象地描述为"裹脚布""万精油""不倒翁""马大哈"等，请说出它们给你的警示。

学以致用 >>

实习生个人求职简历参考模板

● 个人资料

姓名：张凤（化名） 性别：女

年龄：18 岁 身高：165 cm

政治面貌：团员 籍贯：山东青岛

● 求职意向

客服、机关单位会议服务、导游、地勤、高铁乘务员

● 教育经历

毕业院校：青岛某职校

学历：职业中专，大专在读

专业：中专主修旅游乘务，大专主修国际经济贸易

毕业时间：2016.07

● 工作（实习）经历

2013.09—2013.12　保时通有限公司　话务员

| 2014.03—2014.07 | 黄河旅行社 | 内勤 |
| 2015.12—2016.03 | 济南铁路段 | 高铁乘务员 |

● 技能专长

任职：在班内任班干部，负责卫生和宣传工作；在校学生会秘书处任秘书。

技能：初级导游证书、普通话合格证书、计算机技能初级证书。熟练掌握Word、Excel等办公软件。校、市级三好学生，市专业技能大赛一等奖。

社团：参加了学校的礼仪社、舞蹈社。

实践能力：做话务员时，工作业绩始终名列前茅，在线解决客户问题率高达78%。在铁路公司实习期间，能独立完成车厢服务与管理的相关工作。

● 自我评价

接听用户来电或提供具体服务时，脸上始终保持着微笑，是我工作的原则和宗旨。本人在见习、实习的岗位上，耐心地聆听客户的需求，细心地解答旅客的问题，用真诚服务赢得了许多客户的表扬，更有客户专门致电提出感谢。有一次，在列车上，我为一位呕吐的大爷端水，让他漱口，并打扫干净他的呕吐物，令他非常感动，并给公司寄来了表扬信。我相信，脚踏实地才会在人生的道路上留下痕迹。所以，努力地做好当下事，定会赢得精彩的明天。

至于本人今后的发展，希望能充分利用所学的知识去为人们、为社会更好地服务。热盼贵单位能给予我一个工作的机会，我相信我能够胜任，我一定会全力以赴把工作做好。如能有幸被贵单位录用，我将把自己融入这个新的大家庭，本着"认认真真做事，踏踏实实做人"的原则，共创美好的未来！

说一说这份个人简历的优劣。

三、撰写求职信

个人简历并不等同于求职信。求职信与个人简历的撰写目的一样，都是要引起招聘人员的注意，争取面试机会，但两者有所不同。求职信是针对特定的个人来写的，而简历却是针对特定的工作职位来写的；简历主要叙述求职者的客观情况，而求职信主要表述求职者的主观愿望。相对于简历来说，求职信更要集中地突出个人的特征与求职意向，从而打动招聘人员的心，是对简历的简洁概述和补充。

求职信很重要，却不是一定要写。如果求职者认为自己符合所心仪的公司的要求，建议求职者为这家公司量身打造一封言辞得体的求职信，以增加获得面试的机会。求职信，是我们面试找工作的试金石。如何写好求职信，直接关系到我们是否能找到一份好的工作。那么，撰写求职信应该注意哪些问题呢？

第一，求职信要短，但一定要引人入胜，记住你只有30秒的时间吸引你的招聘官继续看下去。在求职信中，要重点写出你的背景材料中与未来企业需求最有关系的内容，通常招聘人员对与其企业有关的信息是最敏感的。

第二，要言简意赅，切忌面面俱到。求职信的功用只是为你争取一个参加面试的机会，你不要以为凭一封求职信就可以找到一份你满意的工作，而且这种错误的心态会使你写的求职信啰啰唆唆。招聘人员工作量很大，时间宝贵，求职信过长会使其效度大大降低。

第三，不宜有文字内容和排版上的瑕疵。一封好的求职信不仅能体现你清晰的思路和良好的表达能力，还能考察出你的性格特征和职业化程度。所以，一定要注意措辞和语言，写完之后要通读几篇，精雕细琢，切忌有错字、别字、病句及文理欠通顺的现象发生。

第四，切忌过分吹嘘。从求职信中看到的不只是一个人的经历，还有品格。

第五，针对性和个性化会让你的求职信从众多信件中"脱颖而出"。招聘人员很反感求职信中"千人一面"的问题，针对性已成为求职信奏效与否的"生命线"。另外，个性化也很重要。有的求职信没有任何豪言壮语，也没有使用任何华丽的辞藻，读起来却令人觉得亲切踏实，愿意与之合作。

学以致用 〉〉〉

实习生自荐信参考模板

尊敬的公司领导：

您好！感谢您在百忙之中阅读我的自荐信！

我是一名即将踏入社会的在校学生，2010年走进了现在就读的青岛某职校，学习智能化物业管理专业。我来自一个普通的工人家庭，性格开朗活泼，在班内任卫生委员，有很好的人际关系，从小父母就培养我认真独立的生活意识，正因如此，才有我现在吃苦耐劳的精神和认真负责的习惯。对于学习也从来不敢懈怠，学校开设的每门专业课我都认真学习，并取得优异的成绩。

2015—2016年两次获得校一等奖学金，并连年被评为校级三好学生、优秀学生干部。

通过两年的系统学习，我提高了自己的综合素养，学习了扎实的专业基础知识，系统掌握了物业维修、水电处理等方面的专业技能，并考取了物业管理员职业资格证书和电工中级证书，完全具备了胜任岗位的资格；同时，我利用课余时间在天泰物业和中海物业挂职锻炼，天泰物业的保安工作使我懂得关心集体、爱护公物、以人为本的重要性，培养了我的责任心；在中海物业做客服时，强化了我严谨、细致、周到的品质。我珍惜每一次锻炼自己的机会，积极参加学校的新闻社团活动，以锻炼自己的语言表达能力和人际沟通能力。更重要的是，学校严谨的学风和自己端正的学习态度塑造了我朴实、稳重、创新的性格特点，也明确了团队精神在工作中的重要性！

我深深懂得，中专生在就业中有着学历低的劣势，所以我非常珍惜每一节电工实训课，将理论与实际操作相结合，不断提高自己的专业技能，让技能成为自己应聘的敲门砖。

鉴于以上实际，我渴望应聘贵公司的电工一职。我会以实际行动证明公司对我的选择是正确的，给我一次机会，我会还您一个惊喜！

    此致

敬礼

自荐人：×××

××××年××月××日

说一说这封求职信的优劣。

四、积极应对面试

打断面试官 自己滔滔不绝地说话

在求职过程中，面试可以说是压力最大的一个环节。要想在面试中成为胜利者，要做好多方面的准备，就连一些不经意的动作也不能忽略，否则就会大意失荆州。

1. 面试时应注意避免的问题

（1）陈述自己的观点时滔滔不绝。很多求职者在面试时，为了让自己看起来什么都懂，经常在面试官的话还没说完时，就急于打断对方陈述自己的观点，却殊不知，这种行为极易引起面试官的反感。求职者在面试时，要耐心地聆听对方的意见，等对方说完，再回答问题。这既是做人的基本礼仪，也容易给面试官留下好印象。

（2）回答问题时伸舌头或捂嘴。这个小动作很多人都容易犯，它会让面试官觉得你不够自信大方，给人留下难登大雅之堂的印象。

（3）边说话边揪衣角。这个小动作很容易让面试官看出你的紧张焦虑，给人留下不成熟、浮躁的印象。

（4）跷二郎腿或两手交叉于胸前。这样会让面试官觉得你没有礼貌，一副满不在乎的样子。因此，求职时一定要注意坐姿端正，双脚平放，放松心情。

× 回答错时伸舌头

× 低着头走路

× 趾高气扬走路

× 双手交叉于胸前 跷二郎腿

× 身体摇晃和抖腿

× 手挠头

× 回答问题时捂嘴

× 东张西望和 眼神不定

× 低着头

漫画《面试禁忌》

（5）拨弄头发或者总是看手表。频繁用手拂拭额前的头发，会透露出你的敏感和神经质，还会令人产生不被尊重的感觉。为避免这种习惯影响到面试的结果，求职者最好将长发扎起来，或将头发梳理整齐，这样既显得精神，又能避免不经意间拨弄头发。还有的无意识地不停地看手表，只能传递出一个信息，那就是告诉对方"我赶时间"，这会让对方觉得有压迫感，失去和你交谈的耐心。

（6）夸张的肢体动作。面试时适当的手势能帮助你更好地阐释自己的观点，不过动作太过活泼、夸张则会给人留下不稳重的印象。因此，面试时应以平稳、平实的态度为原则。

（7）眼神飘忽。面试时两眼到处乱瞄，也许你是由于紧张而不知道眼睛该

看哪里，却容易让面试官觉得你是一个没有安全感的人，甚至会让面试官觉得你在说谎。所以，面试时最好是面带微笑地看着对方，眼睛看着谈话者，同时头微微倾斜，表现出你的自信与涵养。

（8）过早提出薪水要求。"工资多少?""买五险一金吗?"求职者一上来就询问这些问题会让用人单位十分反感。虽然谈论报酬也是面试的一部分，但是需要依时机而定。关于报酬的讨论，最好在用人单位已经有初步的录用意向后，再委婉地提出来。并不是说在面试的过程中不能谈论薪水，而是不应过早谈论。大部分招聘人员认为，在面试结束后的双方交流中问起薪水问题是可以的，但在面试官还不能确定求职者适不适合这份工作的时候就询问，多少让人有些反感。

有一说一 >>

请根据个人情况，说说你面试时还应注意哪些方面的问题。

连线职场 >>

面试官最忌讳的那些事儿

关于面试时最忌讳的问题，某人才网对20位常年从事招聘工作、拥有丰富的面试经验的企业招聘工作人员进行了调查，结果如下：

1. 行为没礼貌，缺乏基本的尊重

2. 迟到，不守时

3. 贬低以前的老板和公司

4. 穿着暴露或者懒散，不合职业要求

5. 在技术、经历和知识方面撒谎

6. 打断面试官，自己滔滔不绝地说话

7. 回答信口开河，讲不到重点上

8. 面试过程中手机响

9. 骄傲自满

10. 过早提出薪水要求

2.要善于推销自己

韩愈说过：千里马常有，而伯乐不常有。在求职面试的过程中，我们还要敢于、善于推销自己。

首先，要扬长避短，展示个人良好的形象。一个人的外在形象反映着他内心的涵养。倘若别人不信任你的外表，你就无法成功地推销自己。

其次，要有正面思考的模式，多角度多渠道地推销自己。失意、沮丧、挫折、怀疑、痛苦、没信心、没希望等这些负面情绪，人人都有，但不要让它们主宰自己，请将它们统统打包，扔进垃圾箱。切记，没有人能打败你，除了你自己。

最后，要根据对方需要，坚持不懈地赢得机会。成功地推销自己常常是屡战屡败的，我们不要因为被拒绝一次而趴下，而是冷静分析这次失利的原因，找出自己的条件和对方需要的差距，继续上路寻找下一个机会。一次又一次地从头开始，最终会赢得美好的结果。

名人名言 》》

"推销"自己是一种才华，是一种艺术。有了这种才华，你就能安身立命，使自己处于不败之地。你一旦学会了"推销"自己，你就可以推销任何值得拥有的东西。

——戴尔·卡耐基

人生故事 》》

一位中职生的蜕变

我是青岛某职业学校毕业的一名中职生，毕业后投奔了在上海的一家外企工作的堂姐。堂姐使出了浑身解数，也没能给我找到一份工作。因为所有的外企基本都要求具有专科以上学历，有一口较流利的英语。我第一次意识到在人才济济的大上海找一份工作是多么困难。

无奈我进了涉外家政服务公司，经过体检、培训，我总算合格了。我被乌克兰人马尔盖一家选中。做保姆，买菜、做饭、洗衣、照顾孩子自不必说。值得一提的是我受学园艺专业的哥哥的影响，爱好养花，我自觉地为马尔盖一家护理花卉。马尔盖非常高兴，给我加了薪水。这时，我突然意识到在社会中有一项技能真是生存的本钱啊！

几个月过去了，做保姆的辛酸就不细说了，关键是还要遭受多疑的马尔盖夫人的猜忌和不信任。有时候，她会突然返回家中，借机查看我在家做什么，以检验我的敬业精神。有一天，我洗衣时，发现衣服口袋里有50元钱，我告诉了马尔盖夫人。她若无其事地答应了一声，叫我放在一边。此后，这样的事情发生了好几次，我才忽然意识到这是她在考验我的诚信。事实胜于雄辩，我通过了她的考试。慢慢地，她对我的态度有了转变，很多时候，她邀我闲暇之余喝茶，与我简单地聊天。

后来发生的一件事，让我真正地融入了这个家庭。圣诞节的前几天，马尔盖一家邀请巴西同事一家去跑马场跑马。马尔盖和夫人兴高采烈地骑在马上，我在栅栏外面照看他们的孩子。突然，那位巴西小男孩闯进了跑马场，马尔盖的马正疾驶过来。小男孩的安全系于一线，就在此时，我二话没说，冲进跑马场，把小男孩推到一边，我却因为极度害怕而倒在了马蹄下……

正是这件事彻底改变了马尔盖夫人对我的看法，我知道我真正地融入了这个家庭。圣诞节的晚上，马尔盖问我有什么打算，我摇了摇头说："一个保姆，一个中职生，在人才济济的大上海，能有什么打算？"马尔盖鼓励我说："你怎能没有目标？你不能做一辈子保姆，我看你完全可以做得更好。这样吧，工作之余，你可以在我这儿学习。"

得到了主人的允许，我把感激化为动力，把马尔盖的家当成了学堂。我利用和他们交流、带孩子的机会，学习英语口语；通过帮助马尔盖校对中英文文件，学习计算机知识和经济学知识。

三年的保姆合同到期了，马尔盖也要回乌克兰的公司总部任职了。在机场，我与他们一家人恋恋不舍。这时，马尔盖掏出一个信封，对我说："某个公司招聘人，我推荐你去。"我百感交集，忙说："谢谢！"他平静地说："你不要谢我，我只是推荐你去，你要经过面试、笔试。不过，我相信你能行，因为你已经具备了他们要求的职业素质！"

送走了马尔盖一家，我如期参加了面试、笔试。结果可想而知，我被录取了。在人才济济的大上海，我一个中职生，经过三年的保姆生涯，成长为一位外企的白领丽人。未来的路还很长，我要一步一步走下去……

说一说故事中的"我"给了你哪些感悟和启示。

学以致用 》》

制作一份个人求职简历或者撰写一封求职信。

第四节　敢闯敢创赢职场

成长的足迹：

根据求职简历和求职信的制作要求和禁忌事项，参照学哥学姐的模板信息，王青很顺利地制作出了个人求职简历，并给他理想中的公司撰写了一封求职信。他说，将来参加社会实践、岗位锻炼的时候，他会呈现出来，去勇敢地践行自己的职业生涯规划。

人在职场，变动不止。王青知道，他只是完成了自己的短期阶段目标。他也许不知道在五年、十年，甚至更多年之后的今天，自己会在哪里。一旦走出校门，第一步他该如何融入职场，做好一名员工，为实现自己的长期职业目标打好基础呢？处在这个大众创业、万众创新的时代，看到身边的亲朋好友做起了微商，进行着不同形式的创业，他也非常渴望知道在"敢闯敢创赢职场"的具体实践中，还应该注意哪些问题呢？

一、从做好一名员工起步

随着国家经济社会发展对技能型人才的旺盛需求和我国中职教育的发展，数以万计的青少年通过职业教育练就了过硬的专业技能，培养了良好的职业道德，成长为各行各业的有用之才，实现了个人理想和人生价值。毋庸置疑，中职生从学校走向社会，面临的是一个是否成人、能否成才的问题。教育部职业教育与成人教育司德育处刘宝民处长曾说：所谓成人，就是看其是否具有良好的道德；所谓成才，就是看其是否掌握一技之长。

刚刚走出校门的中职生，怀揣着期待和梦想，开始接受社会大熔炉的真正考验：从学校走向社会，从课堂走进职场。可能每个人对第一份工作都怀着不同的情感体验，但希望职业生涯有个良好开端的愿望肯定是共通的。纵观职业生涯发展成功的人士，几乎没有人是直接从上司做起的，许多声名显赫的公司总裁也是经历了从员工到主管、从主管到经理这样一个循序渐进的过程。因此，做一个好员工，既是职场生涯的第一步，又是日后晋升的基础。纵观现实，有的人毕业后从最基层位置做起，成为行家里手、岗位精英或者创业明星；而有些人却永远在原地踏步，变得萎靡不振；还有的甚至被单位辞退而变得怨天尤人。短短几年，同样的起点，却有不同的境遇。究其原因，重要的一点就是没有做好职场第一课，因为做一名好员工确实是一门学问，不接受这方面的专门指导，可能就会导致事业受挫甚至难成大器。

1. 好员工要注重职场形象

初入职场，尽管穿衣戴帽，个人所好，但职场中的着装是不能失礼的。比如，穿着不能太暴露，不宜太浓妆艳抹，不要穿一些时下流行的仿脏污、故意抓皱褶的服装。很多年轻人喜欢追求名牌，衣着装扮的确要花钱，但不代表就是浑身名牌，要量力而行，合理搭配。最好上点妆，让自己的气色好一点，不过太过浓烈的浓妆艳抹也不合适，会让人显得太过匠气。不宜把与众不同当作个性，如个别女性身上装饰粉红娃娃、造型各异的花朵、绒毛玩具、公主发夹等，会给人一种不成熟稳重的感觉等。

有一说一 >>

初入职场，应该注意哪些职场形象呢？

初入职场，会有很多比较正式的场合要出席。握手、介绍他人、乘坐电梯、发电子邮件等方面的做法都体现着个人修养的高低。比如，力量适度的握手、眼睛的交流将会搭起积极沟通的舞台。为了避免在介绍时发生误会，在与人打招呼行握手礼时，女士最好先伸出手。一般来说，在较为正式的场合介绍他人，有两条通行的规则：其一是把年轻的人介绍给年长的人；其二是把男性介绍给女性。在介绍过程中，先提某人的名字是对此人的一种敬意。在介绍时，最好是姓名并提，还可附加简短的说明，比如职称、职务、学位、爱好和特长等，以示尊重。现在很多办公地点都要乘坐电梯，电梯虽然很小，但是里面的学问不浅，也考验着个人的道德与教养。再就是在工作中运用电子邮件、传真和移动电话的水平和做法，更是体现着个人的职业素养。

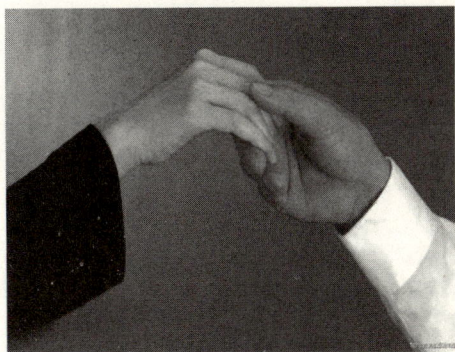

知识卡片

乘坐电梯的禁忌有哪些?

1. 不要在电梯里乱画乱贴。

2. 伴随客人或领导来到电梯厅门前时，先按电梯按钮；电梯到达门打开时，可先行进入电梯，一手按住开门按钮，另一手按住电梯侧门，请客人先进；进入电梯后，按下客人要去的楼层按钮；行进中有其他人员进入电梯，可主动询问要去几楼，帮忙按下。电梯内尽可能侧身面对客人，不用寒暄；到达目的楼层，一手按住开门按钮，另一手做出请出的动作，可说："到了，您先请！"客人走出电梯后，自己立刻步出电梯，并热诚地引导行进的方向。

3. 上下班时，电梯里面人非常多，先上来的人要主动往里走，为后上来的人腾出地方。后上来的人要视电梯内人的多少而行，当超载铃声响起，最后上来的人要主动下来等后一趟。如果最后上来的人比较年长，年轻人要主动要求自己下电梯。

连线职场 》》

"20本＜1专"折射的人生

2005年7月，重庆某科技产业公司招聘了21名大学生。让人始料未及的是，在随后不到4个月的时间里，该公司陆续辞退了其中的20名本科生，仅仅留下了1名大专生。据该公司反映，这些大学生被辞退的主要原因是他们的自身素质和道德修养不能胜任公司的人才需求。该公司老总就此事评论说："有些大学生在刚跨入社会时，其角色转化、人际关系、思想认识等都可能存在一些问题。"

20名本科生终因修养不够、"言多语失"、睡懒觉、工作时间上网聊天、夸夸其谈、大声喧闹等一些"不拘小节"的原因被"炒鱿鱼"。最让人难以接受的是，有一次，公司老总带领员工到外地搞促销，在海边租了一套别墅，虽然有20多间客房，但是员工有100多人，很多老员工甚至老总都只能睡在过道上。有些新来的大学生迅速给自己选好房间，然后锁上房门独自看电视。他们好几次走出房门看见长辈睡在地上，竟都视而不见，不吭一声。而一位女大专生虽然学历不高，却凭着"勤奋、谦逊、细微之处见匠心"的敬业精神成为"幸运儿"。这个"20本＜1专"的事件确实让人唏嘘不已：有才少德一样会被"淘汰出局"。

有一说一 》》

1. 这20名大学生为什么初入职场就遭遇了人生的"滑铁卢"？

2. 这则故事给你什么启示？

2. 好员工要用作为赢得地位

我们可以想象这样的场景：一个办公室人员把材料归整得无可挑剔；一个机械师把机器保养得十年如新；一个司机安全行车十万公里无事故；一个研发人员及时推出畅销产品；一个业务员努力开拓新的市场；一个保洁员把马桶刷得光洁如新……不论什么岗位，不论职位高低，也不论相貌如何，所有员工都有机会在平凡的岗位上脱颖而出，用积极的作为赢得地位。

人生花期各不同

对于刚工作一年的中职生而言，能拿到万元月收入，恐怕没有几人能相信。但在岛城的装饰设计公司里，这样的事情确有发生。晓涵和于琪是青岛某职校毕业生，她们性格开朗、热情、工作积极认真、有韧劲儿，因此她们对未来的职业规划是成为一名销售明星。目前在青岛某装饰设计公司工作，主要负责对外宣传业务。无论是电话营销、小区宣传、设计展会，她们总是冲在最前沿，客户对她们的评价颇高。两人刚工作两个月，累计为公司带来的业务收入达60余万元。晓涵破公司业务数单月记录，一个月签单8次；于琪破公司单笔个人业务总价记录，单价20多万元。两人的月薪也在同期的毕业生中率先达到了"万元"水准。公司老总亲自打电话到她们的学校，表示今后来多少实习生就要多少！

同样，在青岛另一家大型装饰设计公司工作的刘娜和王敏也在自己的岗位上用努力的付出得到了欣喜的收获。刘娜由于细心负责，能举一反三，适应能力特强，她的职业目标是成为公司的主管。工作第二个月，公司让她负责一个五星级酒店百万元项目的业务联系，因为表现优秀，被乙方钦点为材料负责人。也因此，她被公司破格转正入职。王敏是一个细心周到的女孩儿，起初在公司里负责前台接待的工作。在大多数人的心目中，前台接待是设计公司中最不起眼的工作。许多大学毕业生不屑于这个工作，认为大材小用。但是王敏正是在这个最平凡的岗位上展示了自己的良好品质和学习能力。她踏实工作，每天最早来、最晚走，接待客户亲切有礼，并且常常利用空闲时间制作效果图、设计图，一有空就向前辈学习。王敏对待工作的态度和品格，为她赢得了机遇和发展。试用期未过，公司就给她办理了入职手续，并且由前台转入设计部。她从助理设计师做起，一年后正式参与做设计。

为什么中职实习生能有如此快速的个人发展呢？几家家居装饰公司的老总纷纷表示，职校生虽然年纪小，但是他们的工作态度和适应能力不可小视。有些大学生在刚接触工作时表现出的学习内容脱离实际、自视过高、挑活捡活的一些"不良反应"，在这群职校生身上却找不到。

说一说：材料中的他们凭什么赢得了用人单位的如此青睐？

名人名言 》》

做事的技能和做人的修养是决定员工前途和命运的两大要素，此二者相辅相成，缺一不可。

——彼得·杜拉克

对职场而言，有人曾说："假如你热爱工作，那你的生活就是天堂；假如你讨厌工作，那你的生活就是地狱。"积极作为是责任的担当，个人工作做得好坏，最关键的一点就在于能否坚定地担当起自己应负的责任。一个企业成功，不是因为某一个领导人物，也不是

做人比做事更重要
成长比薪水更重要
成才比职位更重要

源于某一个人的非凡才能，而是源于所有职业人对自身责任的积极作为。

敢于作为，要求熟悉自己的岗位职责，明确自己的权限。自己工作职责内的任何事情都要主动地予以解决，否则等领导来安排你去工作时，就是失职，就会给领导留下工作责任心不强的印象。

敢于作为，要求心态积极，勇挑重担。工作中的分工是相对的，面对模糊不清的分工，不要推三阻四，一味地希望别人去做。所有的工作都是为自己做的，一个人无怨地付出总会被热情的目光看到；同时，一个人的消极冷漠也会被他人尽收眼底。千万不要为了这些小事情去计较，否则，一方面损害了自己的形象，另一方面影响了以后的合作。要树立全局观念，用友善、宽容的胸怀对待他人，才可能赢得长久的发展。

敢于作为，要求勇于认错，不推诿塞责。做事情时，只为成功想办法，不为失败找理由。一旦失败，就要承认，不进行无谓的辩解，不去找客观缘由。即使其中多少涉及其他人的责任，也没有必要去计较，除非他的失误更严重。要相信事久见人心的道理，更不必一定要把别人拉来垫背。否则，这不但解决不了你的错误问题，还会赔了夫人又折兵，连良好的同事关系也会搭进去。在职场中，作为所代表

的是一句温暖的问候、一项贴心的服务、一个学习的态度、一种追求卓越的气度。把简单的事做好就是不简单，把平凡的事做好就是不平凡。

用作为赢得地位，需要我们具有老老实实的态度、兢兢业业的精神、扎扎实实的工作、勇于创新的魄力。持之以恒地坚持下去，职场地位就会在坚持中向我们走来。

知识卡片

成功 = 10%运气 + 60%态度 + 30%技能

◆ 主动地承担与职责相关的责任，并敢于对结果负责

◆ 独立地作出判断和决定

◆ 能够控制自己的情绪

◆ 善于接受别人的批评

◆ 你能够决定的是自己的态度

◆ 顾全大局

◆ 常有感恩之情

◆ 做一个不可或缺的人

学以致用 >>

现在的"我"应该怎么办?

我是青岛一所中职学校商务英语专业的学生。在班里，我的成绩一直名列前茅，每学期都能拿到奖学金，同时，我还利用课余时间参加英语补习班，给自己"充电"。因此，在老师的眼中，我是一个很有上进心的好学生，可在同学们眼中，我并不十分受欢迎。最近，我的人际关系甚至亮起了"红灯"。在班里，很多同学都觉得我不合群，甚至有些还误解我是仗着成绩好而自命清高。其实，我有自己的苦衷：下课时，同学们津津乐道的总是电视剧情和娱乐新闻，而我对这些话题很陌生，很难插上话；在周五放学后，同学们都会三两成群地出去玩，但由于我晚上还要参加英语补习班，好几次都推掉了同学们的邀约，久而久之，同学们在组织活动时，就把我自动"忽略"了。现在，我几乎成了班里的"隐形人"，下课没人

会和我聊天，节假日也没有同学约我出去玩。处理不好人际关系使我非常苦闷。我听说现在企业用人不仅看重成绩，更看重团队精神和人际交往能力。我很想和同学们打成一片，多参加一些集体活动，但一直无从入手，不知道自己应该怎么做。

3. 好员工要融入自己的组织

我们每个人都是社会中的人，每个人只有融入社会中才更有力量。从学校毕业走向工作岗位，角色变了，环境变了，面临的问题和困难也变了。作为走入社会的新人，既不能继续学生时代那样的我行我素、自我欣赏的独立主义，也不能成为那种游走在组织和众人之中，参加各种活动，为人处世八面玲珑的张扬主义。我们到底该如何融入所在的组织呢？

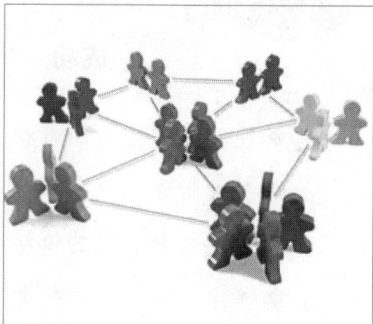

连线职场 >>

2004年6月，拥有NBA（美国职业篮球联赛）历史上最豪华阵容的湖人队在总决赛中的对手是14年来第一次闯入总决赛的东部球队活塞队。赛前，很少有人会相信活塞队能够坚持到第七场。从球队的人员结构来看，拥有科比、奥尼尔、马龙、佩顿的湖人队是一个由巨星组成的"超级团队"，每个位置上的成员几乎都是全联盟最优秀

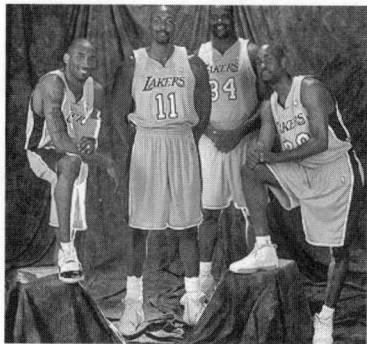

的，再加上由传奇教练菲尔·杰克逊对球队的整合，在许多人的眼中，这是20年来NBA历史上最强大的一支球队，要在总决赛中将其战胜只存在理论上的可能性，更何况对手是一支缺乏大牌明星的平民球队。

然而，最终的结果却出乎所有人的意料，湖人队几乎没有做多少抵抗，便以1:4的战绩败下阵来。湖人队的失败有其理由：奥尼尔和科比组合相互争风吃醋，都觉得自己才是球队的领袖，在比赛中单打独斗，全然没有配合；而马龙和佩顿只是冲着总冠军戒指而来的，根本就无法融入整个团队，也无法完全发挥其作用。缺乏凝聚力的团队如同一盘散沙，其战斗力自然也就会大打折扣。

说一说：你认为这个"超级团队"为什么没有取得胜利？对你有什么启示？

名人名言 》》

山不需要依靠山，但是，人需要依靠人。

——西班牙谚语

学会沟通。在职场中，有人认为，如果赞美别人和尊重别人，就会贬低自己；一旦理解和宽容了别人，就会委屈自己。这种心态，权且把它叫作断路心态。断什么路？就是给我们自己断人际沟通之路。两个人同时犯了错，站出来承担责任的那一方叫宽容。对自己不喜欢的人，可以报之以沉默或微笑。不要做刺猬，不与人结仇。在人际交往中，如果你以一颗真诚的心去对待身边的人，对待需要帮助的人，那么换来的将是无数的真诚和友爱。人缘的建立就是从做人开始，比如笑脸、嘴甜、热情、恰到好处地赞美别人和示弱。人要学会三句话："您好""谢谢""对不起"。这三句话，几乎每天都应该有使用的机会。

对同事的工作表示兴趣。职场上"自扫门前雪"的现象经常发生，有些人对同事的工作、问题、挫折等毫不关心，下班铃声一响，立刻冲出办公室。其实，下列话题会受到同事的赞许：你的工作进行得还好吧？你在工作上好像很顺利，有什么好的经验给我们传授一下？工作上有没有麻烦的问题？需要协助吗？这虽然只是偶尔的关心，但是带给你的回馈是相当可观的。

学会换位思考。"他有什么了不起？""那种小事，谁都可以做。""他是他，我不是他！"面对别人的成绩，总有人有这样狭隘的想法。换一种角度想想，假如别人这样说你，你会有什么感受？站在对方的立场上想问题，让自己保持

> 人际交往的黄金法则："你愿意别人怎样待你，你也要怎样待别人。"

一种平和的心态，才能顾及交往双方的感受，才能给自己一个正确的定位，有理有节，游刃有余。在职场中，我们要用指责别人的态度来要求自己，用宽恕自己的心思去宽恕别人。

注意"倾听"。认真倾听他人言语，代表你对他人的尊重，同时你也赢得了别人的尊重。在团队中，"听"比"说"重要得多。工作中仔细听，代表我们专心、认

真、细心、想把事做好；工作以外或休闲中多听，能吸收很多不同的资讯。我们最大的缺点，就是只选择我们爱听的、想听的，却排斥或忽略了他人的宝贵经验。无论是同事或主管，他们表达意见或提出指示时，应该专心而诚恳地倾听，必要时点头示意。懂得倾听，你才能更深刻地了解他人，并客观辩证地看待自己，取他人之长，补自己之短！

1.好奇　2.疑惑　3.不感兴趣　4.拒绝　5.观察　　　6.自我满足　7.欢迎　8.果断　9.隐秘　10.探究

11.专注　12.暴怒　13.激动　14.舒展　　　15.奇怪、支配、怀疑　16.鬼鬼祟祟　17.羞怯　18.思索　19.做作

各种沟通姿态图

二、用创业促进就业

人生故事 >>

英雄不怕起步低

朱瑞波，山东成武人，毕业于青岛某职校电子电器与计算机专业。现在自己经营一家电子公司——青岛恒昌电子。

工作之初，朱瑞波先后进了几家非专业对口的单位，包括李村一家珠宝加工公司和城阳一家厨具公司。实习时，他就比别人用心多倍，不只在流水线上熟练完成自己的工作，还和管理人员交上了朋友，从他们那里学到了管理的方法，对公司运营有了初步了解。毕业前几个月，他又来到信息城里的一家公司。他虽然在学校学习了电脑知识，对各种配件也认识，但对组装电脑感到有些困难。于是，他一心向学，一边把顾客招进店里，一边看着同事操作学习。不久，他学会了组装电脑，业务慢慢熟练到得心应手。后来，他接手了公司，也把原来的客户和业务接了过来。有了客户，有了资源，加上自己对这项工作的热爱和信心,他开始为自己的未来打拼。

天不负有心人。他把公司经营得顺风顺水,生意兴隆。后来,他还时常介绍自己的校友到信息城里实习或工作。有时,他联系到为某家网吧更换或组装电脑,公司忙不过来,就请学弟学妹来帮忙,既帮了自己,也帮了别人。

久处电子信息的前沿阵地,他对现代电子设备更加了解,已远非当初毕业时那般青涩懵懂。尽管电子行业竞争激烈,但是他靠热情周到的服务、娴熟的技能和公平合理的价格赢得了客户。他不仅维护好了原来的客户关系,还积极地谋求新的发展,及时了解社会需求信息。一些学校更换或添置教学设备,如为教室上投影设备、添置实验室装备,他便积极地投标竞争,陆续扩大一些业务。现在,他的公司风风火火,发展日盛。

笑送八方客,喜迎四海财。这是多少生意人的美好梦想,而朱瑞波做到了,实现了。他的成功,是一盏明灯,照亮了职校生的就业之路!无论你起点多么低,只要努力奋发,积极向上,奔着一个明确的目标,就一定会有成功的那一天!

正是:寒门子弟学路难,离乡千里意志坚。勇克困难独打拼,奋力开出一片天。

说一说:朱瑞波的成功给你什么启示?你有创业的想法吗?你为之做过什么努力?

"那一天,我不得已上路,为不安分的心,为自尊的生存,为自我的证明。路上的辛酸已融进我的眼睛,心灵的困境已化作我的坚定。"这是《赢在中国》的主题曲。励志照亮人生,创业改变命运,已成为全民的共识。创业是一条艰苦的路,同学们认识的许许多多企业家都经过这条路。每个人尽管经历不同,但是,有一点是支撑他们走向成功的关键,就是信心和坚持。没有信心,创业者在万里挑一的淘汰规则下就会却步,面对质疑和诘问时就会胆怯,直面难关与挑战时就会放弃。请大家记住:"财富是猫的尾巴,只要勇往直前,财富就会悄悄跟在后面。"

名人名言 》》

企业发展就是要发展一批狼。狼有三大特性:一是敏锐的嗅觉;二是不屈不挠、奋不顾身的进攻精神;三是群体奋斗的意识。

——任正非

下水才知水冷暖，过河才知河深浅。无数的创业教育案例表明，创业力的获得离不开真刀实枪的创业实践。

创业是一个发现商机并提供产品或服务，以实现其潜在价值的过程。因此，创业能否成功，与创业者的素质与能力有很大的关系。那么，创业者需要具备哪些素质与能力呢？从我国的创业环境来看，创业者应具备三大素质，即心理素质、身体素质以及知识和能力素质。具体地讲，主要包括以下十个方面。

（1）诚信——创业立足之本

市场经济已进入诚信时代。作为一种特殊的资本形态，诚信日益成为企业的立足之本与发展源泉。创业者的品质决定着企业的市场声誉和发展空间。不守"诚信"或可"赢一时之利"，但必然"失长久之利"。反之，则能以良好口碑带来滚滚财源，使创业渐入佳境。

（2）自信——创业的动力

人的意志可以发挥无限力量，可以把梦想变为现实。对创业者来说，信心就是创业的动力。要对自己有信心，对未来有信心，要坚信成败并非命中注定，而是全靠自己努力，更要坚信自己能战胜一切困难。

（3）勇气——视挫败为成功之基石

成功需要经验积累，创业的过程就是在不断的失败中摸爬滚打。失败的结果或许令人难堪，却是取之不尽的活教材。只有在失败中不断积累经验财富、不断前行，才有可能到达成功的彼岸。

（4）爱心——创业成功的催化剂

在竞争日趋激烈的今天，产品和企业的公众形象定位，对创业成功起着关键作用。富有爱心，则是构成诚实、良好商业氛围的重要因素。

（5）社交能力——借力打力觅捷径

在当今提倡合作双赢的时代，过去那种单枪匹马的创业方式已越来越不适应时代需求。扩大社交圈，通过朋友掌握更多信息、寻求更大发展，日益成为成功创业的捷径。

（6）合作能力——趋利避害形成合力

有一个良好的创业团队是成功创业的关键。大家在一起创业，分享各自的知识和经验，同时也避免了很多创业"雷区"。

（7）魄力——该出手时就出手

在创业界，往往是风险与机会并存。创业者必须善于发现新生事物，并对新生事物有强烈的探求欲；必须敢于冒险，即使没有十足的把握，也应果断地尝试。

（8）领袖精神——创业的无形资本

企业文化被称作企业的灵魂和精神支柱。而企业文化的精髓就是创业者的领袖精神，这是凝聚员工的一笔"不可复制"的财富，更是初创企业生存和发展的关键。

（9）创新精神——创业成功的维生素

在竞争激烈的市场中，缺乏创新的企业很难站稳脚跟，改革和创新永远是企业活力与竞争力的源泉。

（10）敏锐眼光——识时务者为俊杰

在生意场上，眼光起着决定性作用。很多资金不多的小创业者，都是依靠准确抓住某个不起眼的信息而挖到了"第一桶金"。

我们正面临永远在线的设备和服务所带来的史无前例的巨大变革，让我们整装待发，从现在开始，以创业者的心态为要做的每件事情赋予意义，提出口号，立即行动。从现在开始，我们都是创业者。

> 我认为做企业要有这些素质，特别在中国市场上，那就是：诗人的想象力、科学家的敏锐、哲学家的头脑、战略家的本领。
>
> ——宗庆后

连线职场 》》

创业事半功倍的十七条金律

1. 保持积极的心态	2. 要有明确的目标	3. 多走些路
4. 正确的思考方法	5. 高度的自制力	6. 培养领导才能
7. 建立自信心	8. 迷人的个性	9. 创新制胜
10. 充满热忱	11. 专心致志	12. 富有合作精神
13. 正确对待失败	14. 永葆进取心	15. 身心健康
16. 合理安排时间和金钱	17. 养成良好的习惯	

三、长规划，闯天下

连线职场 >>

"南摩"500名工程师该何去何从

"南摩"，即南京摩托罗拉公司，曾经是南京最好的外企，能进"南摩"是多少IT（信息技术）毕业生的梦想，可是十年不到，该公司已经支撑不下去了。2012年8月，摩托罗拉移动公司宣布全球裁员20%，"南摩"研发部门将关闭，500多名"南摩"工程师将失去"饭碗"。

"南摩"员工先后在公司门前拉横幅抗议。但公司态度强硬，拒绝了"延长服务期，给员工一点时间找工作"的意见。尽管联想、小米科技等其他公司已向"南摩"员工抛出橄榄枝，但难以想象，如果"南摩"的500名工程师同时被裁掉，这么多人是很难在已经相对饱和的就业市场上找到工作的。"南摩"500名工程技术人员该何去何从？

随着IT业并购和行业潮起潮落，以往被视为技术白领甚至金领、年收入动辄一二十万元的IT工程师和技术人员，也遭遇到越来越多的职业风险。如果个人不注意随时充电，很可能就会在新一轮产业大潮中落伍。是做一个不断"升级换代"的技术金领，还是考虑创意创业，都需要及早作出职业规划。与其在裁员时游行示威，不如在入职时未雨绸缪。

读读想想："南摩"500名工程师的遭遇给你什么启示？

赢在职场的成功人士已经数不胜数，我们在欣赏和羡慕他们成功的时候，更应该思考他们是如何持续不断地获得成功的。纵观国内外，成功人士的共同特点之一是有决断力和自制力，他们都清楚地知道自己的人生目标，并能获得成功。这也就告诉我们，只有做规划，才能闯天下。因为如果你不知道你要去哪儿，那么你将哪儿也去不成。做好职业规划，应注意以下几个问题。

第一，职业规划是一个持续的动态过程。

职业规划不是一次活动，不能一蹴而就，它是一个持续的过程，要实行动态管理。在人的整个职业生涯发展过程中，人的自身条件及外在的环境都在不断发展，对自己和环境的认知也会不断变化，由此会引起自己职业生涯的变化。因此，要坚持职业生涯规划的精神和意识。

第二，脚踏实地做好短期的三五年规划。

有了具体职业目标还不够，还得有具体的发展路径、行动计划和学习方案来支撑目标的实现，以上这些系统工作都得依靠职业规划来完成，至少要做好三五年的职业规划，职业生涯发展才会蒸蒸日上。频繁跳槽，丢的可能不只是工作机会，而是长远的发展。如果连续换三份工作而不能改变现状，一定要重新审视职业定位是否恰当，重新思考职业规划是不是需要调整，以免让自己陷入频繁跳槽的怪圈中。

第三，在实战中锁定中长期目标。

人在职场，要通过具体职业实践，明确个人职业定位、职业倾向，锁定中长期目标。要选择有优势的职业做长远的打算，重点是整合自己的各种资源，通过择业和发展，谋求事业和收入更上一层楼。如果你认为一时间难以确定最终职业目标，那也需要确定一个发展方向。

第四，经常比照自己制订的职业生涯规划书进行调适。

职业人要在实践中检验自己的职业理想和职业目标落实的情况和效果，对自己的内外部条件进行比对和分析，明确自己的知识结构和实践能力，在职业实践中进行自我探索和调适，提高自己在工作方面的信心和能力。在确立职业目标并做出规划后，应该让自己行动起来，依照既定的规划实施。只有按规划去实施了，才有可能实现自己的职业目标。

学以致用 》》

1.请搜集一位职场新人的工作故事，写一写你从中受到的启发。

2.了解本校毕业生的创业情况，访问他们的企业，请他们聊聊创业的艰辛和成功的快乐。

第五节　综合实践课：职场模拟招聘活动

一、活动背景

本单元的学习旨在引导学生从观念、心理、形象、求职面试、融入职场和创业萌芽等方面做好各种准备。头脑的准备是基础，但行动的准备是关键。本着"纸上得来终觉浅，绝知此事要躬行"的宗旨，我们组织一节职场模拟招聘活动课。

二、活动目的

在就业形势既有机遇又有挑战的时代背景下，如何在求职的道路上起步，如何从求职大军中脱颖而出，是每一个求职者必须面对和思考的问题。本节课旨在为学生提供一个近距离接触招聘的平台，使学生全方位地了解招聘的相关知识和技巧，并提供一个实际展现自我的舞台，从中找出优势和差距，积累经验和教训，为以后参加社会的招聘面试打下实践的基础。

三、活动准备

1. 根据专业实际，公布招聘岗位和岗位要求。

2. 参加面试的人选提前准备三份个人求职简历。

3. 摆放桌椅，布置教室。

4. 请三名德育课老师任主考官，选五名学生观察督导。

5. 五名督导员分工明确：一人负责整理面试者的个人求职简历；一人负责观察面试者的职业礼仪；一人负责记录面试者的自我介绍；一人负责整理面试者的回答内容；一人负责总结面试者回答的专业问题。

6. 通过视频观看优秀毕业生和其他求职者的招聘面试，积累面试的经验和教训。

四、活动过程

1. 主考官提前阅览应聘者的简历，主要看年龄、学历、实践经历及专业技能，从中筛选出符合岗位要求的人员名单，确定其面试资格。

2.前来面试者做自我介绍，主要以口齿清楚、思路清晰为评价标准。

3.主考官提问题，分为两个阶段。

第一阶段主要通过问题大致推断出应聘者的态度、能力及价值观，确定其综合素质是否符合招聘者的需要。问题举例：你为什么选择我们的公司？你对我们的公司了解多少？作为新员工，你觉得你应该做什么才能被公司认可？你有没有什么职业规划，打算做多久？这个职业是否是你热爱的事业？你觉得你竞争的优势是什么？等等。

第二阶段，提问专业知识，出示1~2个专业案例让应聘者分析，根据回答情况择优录取。

4.督导员分别写出督导意见，集中进行反馈。

学以致用 》》

面试者与其他同学分享这次活动的感悟心得，并将其整理在作业本上。

附 录

职业生涯规划获奖作品赏析（四）

当创客遇上电商

目 录

前言 》》

　　2003年，马云创建淘宝网时，曾预言：20年后，中国将是网上购物的世界。当时有人嘲笑他说"疯话"，但是马云始终坚持自己的梦想，并为实现自己的梦想而努力着、奋斗着……2014年9月19日，阿里巴巴在纽约证券交易所正式上市。如今，淘宝网已经成为亚洲最大的网络零售商圈，阿里巴巴被传媒界誉为真正的世界级品牌，电商时代正式拉开帷幕。

　　马云用事实证明了"梦想"的魅力和力量。

　　阿里巴巴上市当日，阿里巴巴的所有员工一起穿上同一款特制T恤，来纪念这一特别的日子，而我也永远地记住了T恤上的那句话："梦想还是要有的，万一实现了呢？"所以，我为自己制订了一份职业生涯规划，给我自己一个梦想——自己做自己的老板，"创办一家零食电商公司"！

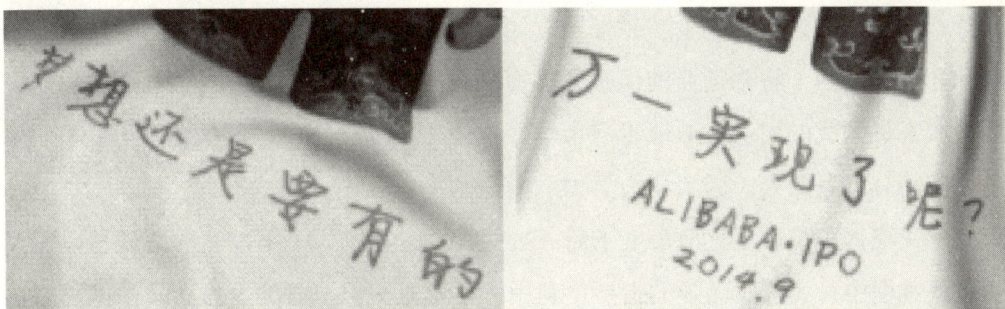

自我分析 》》

1. 我的专业

　　选择数字媒体专业，让我对自己的电商梦想充满信心。数字媒体专业的课程非常丰富，美术、摄影、Photoshop、二维动画、Dreamweaver、AE、AI等等，不仅助我顺利考取了图形图像处理员中级证书，更让我在每一次的制作与创意中，感觉自己仿佛是在屏幕间

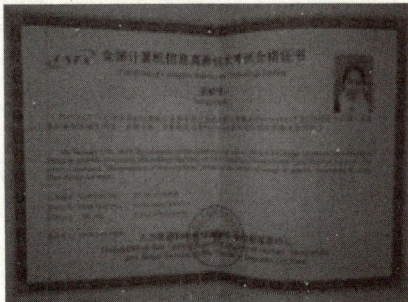

填充着那家店铺的一砖一瓦、一线一色，它们成为我梦想实现的翅膀。

2. 职业能力

我有较强的文字表现能力、组织协调能力和创造性学习能力，在学校担任学生会学习部副部长、班级团支部书记、影音社团社长等职务，这些工作让我积累了"领导"方面的经验和才干，增强了将来创业的信心和能力，我期待未来带领我的团队勇敢地走向市场。机会总是留给有准备的人。因为学习努力，专业知识扎实，我得以参加了青岛市电子商务技能大赛，并取得了第二名的好成绩。在大赛备战过程中，我按照老师的指导，利用所学专业知识，尝试着为产品拍摄照片，设计店铺Logo（商标），编写软文，制作促销海报，在"学中做，做中学"的过程中，更加坚定了我的电商梦的信心。

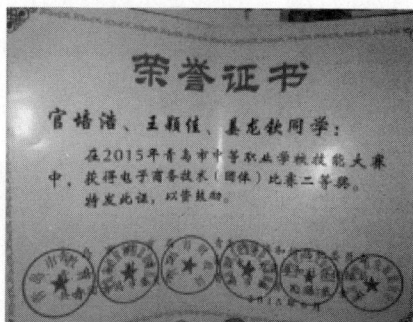

大赛之后，我有幸参加了学校的电子商务创客团队。学校请来了青岛禾谷电商为我们进行指导，从产品宣传到电商运作，从客服、美工到总管，我们在真实的店

铺里学习如何经营一家店铺，不仅了解了每个岗位的职责，更懂得了合作对整个团队的重要性。这段见习的经历不仅让我在学校的"文明十星"活动中获得了"创客之星"的称号，更让我向自己的电商梦靠近了一大步。

3. 职业性格

我做事计划性强、严谨有序、守规则，注意细节的精确，在工作中精益求精，力求尽善尽美。但人际交往中仍存在一定的不足，不是那么主动和易于接近，职业性格属于协作型和严谨型。

4. 职业价值取向

我最看重的职业价值为：道德感、使命感、美感和成就感。在我看来，工作的价值在于不断地挑战自我、成就自我，进而为社会担当一份责任。日后，我的零食网络店铺一定要因它独特的社会意义与美感而为人们所爱，将敬业的态度作为我永恒的坚持。

5. 自身条件与职业差距

我的专业是数字媒体，在设计方面我拥有独特的优势。但是，未来想要经营好一家淘宝店铺，我还需要学习大量的店铺经营的法律法规知识和食品类专业知识，更要深入学习如何管理一个团队。差距是一点点缩小的，我相信，只要坚持守法经营和不断创新，必能心想事成。

发展环境分析 》》

1. 我的家庭

一个人的成长，家庭因素是不可或缺的。我的爸爸妈妈十分支持我的创业规划。当我把自己的梦想说给他们听时，他们很支持，不仅鼓励我，还提出了中肯的意见对我的设想进行完善，并愿意提供给我创业所需的资金……在创业的道路上，家庭会是我强有力的依靠。

2. 我的家乡行业发展现状及前景

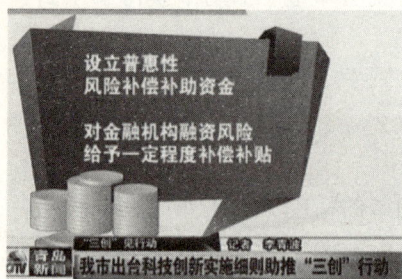

近年来，我国推进创新发展 "互联网+"，其中的电子商务行业发展迅猛，产业规模迅速扩大。国家市场监督管理总局、质检总局、商务部联合致力于电子商务交易管理规范化，电子商务发展体系日益完善。而我的家乡所在的青岛市更是致力于打造"创新之城、创业之都、创客之岛"，在互联网的风口上，出台了一揽子扶持创业的举措。尤为可喜的是2016年跨境电商外贸峰会在青岛举行，标志着以一达通为代表的具有最先进理念和技术的阿里巴巴跨境B2B全链条服务正式进驻青岛。它将带来阿里巴巴先进的服务、培训、金融体系，为青岛的电商发展提供更多的机会。得此天时地利之便，我的电商梦实现值必将提升一个层次。

确立发展目标 》》

我的长远目标：创办一家零食电商公司，并能顺利运行。公司以"青春、爱心、关怀、时尚"为主题，针对不同年龄段，推出"盼青春""正青春""留青春""忆青春"四个零食系列，为"吃货"提供最健康最适合的零食和多样化的专业配送，让他们在零食世界里品味特色零食带来的享受，感受爱与希望。

2014—2017 知识储备期
2017—2019 知识提升期
2019—2022 创业准备期
2022—2032 创业奋斗期

名人名言

古之立大事者，不惟有超世之才，亦必有坚忍不拔之志。

——苏轼

规划阶段目标与实施措施 》》

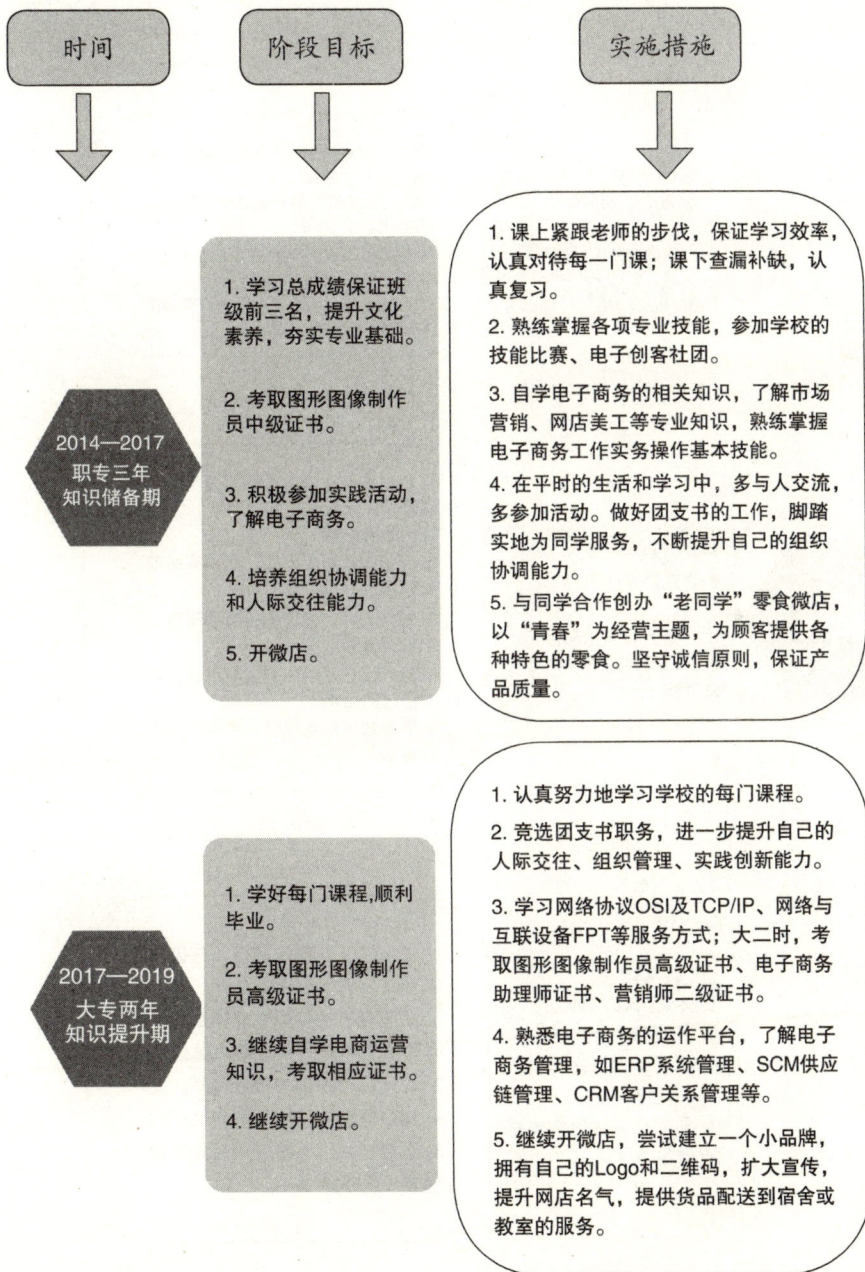

时间	阶段目标	实施措施

2014—2017 职专三年 知识储备期

1. 学习总成绩保证班级前三名，提升文化素养，夯实专业基础。

2. 考取图形图像制作员中级证书。

3. 积极参加实践活动，了解电子商务。

4. 培养组织协调能力和人际交往能力。

5. 开微店。

实施措施：

1. 课上紧跟老师的步伐，保证学习效率，认真对待每一门课；课下查漏补缺，认真复习。

2. 熟练掌握各项专业技能，参加学校的技能比赛、电子创客社团。

3. 自学电子商务的相关知识，了解市场营销、网店美工等专业知识，熟练掌握电子商务工作实务操作基本技能。

4. 在平时的生活和学习中，多与人交流，多参加活动。做好团支书的工作，脚踏实地为同学服务，不断提升自己的组织协调能力。

5. 与同学合作创办"老同学"零食微店，以"青春"为经营主题，为顾客提供各种特色的零食。坚守诚信原则，保证产品质量。

2017—2019 大专两年 知识提升期

1. 学好每门课程，顺利毕业。

2. 考取图形图像制作员高级证书。

3. 继续自学电商运营知识，考取相应证书。

4. 继续开微店。

实施措施：

1. 认真努力地学习学校的每门课程。

2. 竞选团支书职务，进一步提升自己的人际交往、组织管理、实践创新能力。

3. 学习网络协议OSI及TCP/IP、网络与互联设备FPT等服务方式；大二时，考取图形图像制作员高级证书、电子商务助理师证书、营销师二级证书。

4. 熟悉电子商务的运作平台，了解电子商务管理，如ERP系统管理、SCM供应链管理、CRM客户关系管理等。

5. 继续开微店，尝试建立一个小品牌，拥有自己的Logo和二维码，扩大宣传，提升网店名气，提供货品配送到宿舍或教室的服务。

2019—2022
创业准备期

1. 就业，了解社会，储备工作能力，积累工作经验。

2. 积累人脉，积累资金。

1. 寻求一份网站美工或策划编辑的工作，以虚心学习、认真负责的态度成为一名出色的技术人员。
2. 试着了解电商的每一个岗位的职责，总结干好电商的秘诀，积累创意设想和工作经验。
3. 工作中多观察，多反思，从而了解社会，储备工作能力。
4. 广结人缘，增广人脉。
5. 对自己的各项收入善加管理，合理理财，为创业准备资金。

2022— 2024
公司初创磨合期

创建电商公司，打开市场，保证基本销售额。

1. 进行市场调研，敏锐捕捉市场信息，确定以"盼青春""正青春""留青春""忆青春"等特色零食为网店业务范围。
2. 设计本网店的形象代言卡通人物。
3. 保证货源质量。
4. 利用数字媒体专业特长做好网店窗口设计，上淘宝申请网店。

2022—2032
创业奋斗期

2024—2027
初具规模发展期

1. 月销售额达到50万元。
2. 创立自己的品牌，站稳市场。

1. 及时调整业务范围和货源渠道，做到"人无我有，人有我优"，保证产品满意度。
2. 调整完善网店窗口，运用摄影专长多角度展示自己的货品。
3. 招揽人才，创新完善销售策略，增加销售额。
4. 设计出自己的店铺独有包装，创立自己的品牌。
5. 完善售后服务渠道，提高业务人员素质。

2027—2032
目标达成壮大期
1. 开设两家分店。
2. 月营业额达到120万元。
3. 创建企业文化，提高店铺知名度。

1. 进行深入的市场调研，开设两家分店，以缩短流通环节。
2. 开拓自己的货源供应渠道和物流发送渠道，确保产品质量。
3. 设计自己独有的赠送礼品。
4. 精心打造产品的品牌文化。
5. 坚持学习，不断更新经营管理理念，与时俱进。

管理与调整 》》

梦想的播种是为了实现，所以关于规划的管理和调整是必不可少的环节。在用心制订规划的基础上，我会按规划的执行进度，掌控自己的时间，监督自己的活动，制约和矫正自己的行为。世上没有哪一条路是一帆风顺的，当遇到这样那样的问题时，就要进行及时的调整。

调整内容	调整措施
业务内容的选择调整	若零食经营不顺，我会及时调整，选择其他业务内容。
行业的选择调整	多年后，若资金条件允许，我会尝试其他行业，寻找最适合我的天地。

结束语 》》

习近平总书记曾在讲话中提出"幸福不会从天降，美好生活靠劳动创造"；"有付出，就会有收获"；"只要坚持，梦想总是可以实现的"。当然了，还要"撸起袖子加油干"。小人物同样拥有梦想，只要付出努力并勇于坚持，成功就会变成可能，马云们的奋斗史便是励志的最好教科书。

年轻的我已经做好迎接未来挑战的准备！"梦想还是要有的，万一实现了呢？"我期待自己梦想花开的那一刻！

作品说明

"梦想还是要有的，万一实现了呢？"本文以阿里巴巴成功上市，电商马云追梦成真的励志案例为切入点，紧跟时代步伐，开篇点出自己的人生梦想：创办一家零食电商公司。

而后分析自己的专业、职业能力、职业性格、职业价值取向、自身条件与职业差距等内部条件和家庭、家乡、行业等外部条件，列出优势，找出不足，坚定地选择创办一家以"青春、爱心、关怀、时尚"为主题的零食电商公司。以此为方向，构建了自己的阶段目标并制订了具体的措施。

　　构建阶段目标，从求学到创业，既有从职专到大专的学历提升，也有从中级资格证到高级资格证的职业资格标准的提升，更有从创业准备到创业奋斗，从公司初创磨合、初具规模发展到目标达成壮大这种公司实力的提升，梯度设置合理，目标明确，思路清晰。

　　措施的制订，结合自身的创客经历，内容具体，可行性强，重点突出，针对性强，符合实际，便于操作。

　　梦想的播种是为了实现。一份切实可行的职业生涯规划书，一定能促成梦想花开。

【指导教师　石冰妮】